# L'ART CACHÉ DE L'INFLUENCE

Comprendre, reconnaître et naviguer dans le monde de la manipulation psychologique

# TABLE DES MATIÈRES

# INTRODUCTION : NAVIGUER DANS LE MONDE DE LA MANIPULATION

Bienvenue dans un voyage fascinant dans le monde de la manipulation, un phénomène profondément enraciné dans l'interaction humaine et qui prend de plus en plus d'importance dans notre monde moderne et interconnecté. Dans ce livre, nous nous lancerons dans une vaste exploration pour comprendre comment fonctionne la manipulation, comment elle se manifeste dans différents domaines de la vie et comment nous pouvons nous en protéger.

La manipulation est un terme qui porte souvent des connotations négatives, et pourtant elle fait partie intégrante de la communication et de l'interaction humaines. Des formes subtiles d'influence dans nos relations personnelles aux techniques sophistiquées utilisées en politique, dans les médias et dans la publicité, la manipulation est omniprésente. Ce livre vise à fournir une compréhension approfondie des différentes facettes de la manipulation en mettant en lumière les principes et techniques psychologiques qui la sous-tendent.

Nous commencerons par définir ce qu'est la manipulation et par la distinguer de concepts similaires. Pour ce faire, nous examinerons les fondements psychologiques de la manipulation afin de comprendre comment et pourquoi elle est efficace. Cela implique une réflexion sur la nature humaine, nos besoins, nos peurs et nos désirs, qui ont tous une influence sur la manière dont nous réagissons aux tactiques de manipulation.

Dans la suite de l'ouvrage, nous verrons comment la manipulation est utilisée dans différents contextes. Des relations dynamiques et souvent complexes au travail et dans la sphère privée aux sphères plus larges de la politique, des médias et de l'espace numérique, nous examinerons les méthodes et les effets spécifiques de la manipulation dans ces domaines. Cela comprendra également des sujets d'actualité tels que la propagation des fausses nouvelles, l'utilisation de l'analyse des données dans les campagnes politiques et le rôle de la publicité dans la société de consommation.

Un élément essentiel de ce livre est l'examen

des aspects éthiques de la manipulation. Nous discuterons de la ligne fine qui sépare la persuasion de la manipulation et prendrons en considération les responsabilités morales et éthiques liées à l'utilisation de techniques de manipulation.

Enfin, nous nous concentrerons sur la manière de reconnaître la manipulation, de s'en protéger et de développer une attitude critique saine. Ces connaissances sont essentielles pour préserver l'autonomie dans un monde où la manipulation est omniprésente.

Ce livre ne doit pas seulement être un guide, mais aussi une incitation à la réflexion et à l'analyse critique. Il est destiné à toute personne souhaitant acquérir une compréhension plus approfondie des dynamiques subtiles de la manipulation et apprendre à s'affirmer dans un monde de plus en plus complexe. Nous vous invitons à nous rejoindre dans ce voyage révélateur.

# QU'EST-CE QUE LA MANIPULATION ? - DÉFINITION ET DÉLIMITATION

La manipulation, un terme fréquemment utilisé dans le langage courant et dans les discours universitaires, fait référence à une forme d'influence sociale visant à orienter le comportement ou les croyances d'autres personnes, souvent sans leur consentement conscient. L'essence de la manipulation réside dans l'intention d'obtenir le contrôle des décisions ou du comportement d'une autre personne d'une manière qui peut être dissimulée ou trompeuse. Cette définition distingue la manipulation d'autres formes d'interaction sociale, telles que la persuasion, qui se caractérise par un dialogue ouvert et des arguments rationnels.

Contrairement à la persuasion, qui repose sur

la transparence et la compréhension mutuelle, la manipulation utilise souvent des tactiques subtiles pour influencer la cible sans qu'elle s'en rende compte. Il peut s'agir d'appels émotionnels, de tromperie ou d'exploitation d'informations. L'acte de manipulation implique souvent une sorte d'asymétrie dans la relation entre le manipulateur et la cible, que ce soit par le biais du pouvoir, de la connaissance ou de l'influence émotionnelle. Cette asymétrie est un trait fondamental qui caractérise la manipulation et la distingue des autres formes d'influence.

Un autre élément essentiel de la manipulation est l'intention du manipulateur. Alors que les objectifs peuvent varier, allant du gain personnel au contrôle ou à l'influence du comportement d'autrui, l'intention consciente d'orienter la cible dans une direction particulière est centrale. Cette intention, souvent cachée ou déguisée, est ce qui distingue la manipulation des influences accidentelles ou inconscientes sur les autres.

Les méthodes de manipulation sont variées et vont de techniques linguistiques, telles que les questions suggestives ou les déclarations à double sens, à des stratégies psychologiques plus complexes, telles que l'exploitation des émotions ou l'établissement d'une pression. Le choix de la méthode dépend souvent du contexte et des objectifs spécifiques du manipulateur. Toutefois, certaines caractéristiques communes à ces techniques sont leur capacité à influencer la perception et les décisions de la cible, sans que celle-ci soit consciente de la nature manipulatrice de l'interaction.

La distinction entre la manipulation et les autres formes d'influence n'est pas toujours évidente. Parfois, des actions qui commencent comme une simple persuasion peuvent prendre des éléments de manipulation lorsque des tactiques supplémentaires telles que la tromperie ou l'exploitation émotionnelle entrent en jeu. Il est donc important de tenir compte du contexte et de la dynamique de chaque interaction pour identifier correctement la manipulation.

La dimension éthique joue également un rôle dans la distinction entre la manipulation et d'autres formes d'influence. La manipulation est souvent considérée comme moralement problématique, en particulier lorsqu'elle est utilisée au détriment d'autrui ou qu'elle sape des principes fondamentaux tels que l'autonomie et le consentement éclairé. Cette considération éthique distingue la manipulation d'autres formes d'influence sociale, plus neutres ou positives sur le plan éthique.

Le mode d'action de la manipulation est étroitement lié à la psychologie humaine, car elle exploite souvent les aspects émotionnels, cognitifs et sociaux du comportement humain. Les manipulateurs peuvent par exemple instrumentaliser des émotions telles que la peur, la pitié ou l'amour pour atteindre leurs objectifs. Ils peuvent également exploiter des distorsions cognitives ou des heuristiques, comme la tendance à confirmer des informations qui étayent des croyances préexistantes ou la tendance à faire aveuglément confiance à l'autorité.

Ces fondements psychologiques de la manipulation en font un phénomène subtil et souvent difficile à détecter. La victime d'une manipulation peut ne pas être consciente que ses décisions ou ses convictions sont influencées par des forces externes et cachées. Cela distingue la manipulation d'une influence plus ouverte et directe, dans laquelle la personne concernée est consciente des tentatives d'influence et y consent activement ou les rejette.

La complexité de la manipulation est encore accrue si l'on considère la diversité des contextes dans lesquels elle peut se produire. Des relations personnelles aux environnements professionnels, en passant par les sphères politiques et médiatiques, la manipulation peut se manifester sous différentes formes et intensités. Dans les relations personnelles, elle peut se manifester sous la forme d'abus émotionnels ou de gaslighting, tandis que dans le monde du travail, elle peut prendre la forme de tactiques de persuasion contraires à l'éthique ou dans la politique, de propagande.

La dimension éthique de la manipulation est

particulièrement pertinente dans ces différents contextes. Alors que dans certains cas, comme la publicité ou la vente, un certain degré d'influence est considéré comme acceptable ou même nécessaire, les mêmes tactiques peuvent être considérées comme contraires à l'éthique ou manipulatrices dans les relations personnelles ou en politique. Cette zone grise éthique rend difficile l'évaluation et la réglementation claires de la manipulation.

La capacité à reconnaître la manipulation et à s'en protéger est donc une compétence importante. Cela nécessite une prise de conscience des différentes formes et techniques de manipulation, ainsi qu'une compréhension de la manière dont elles peuvent être appliquées dans différents contextes. Un examen critique des motivations, la vérification des informations et la prise de conscience de ses propres réactions émotionnelles sont des étapes essentielles pour se protéger des influences manipulatrices.

En résumé, définir et délimiter la manipulation est une entreprise complexe qui nécessite à la fois une compréhension des processus psychologiques sous-jacents et une prise de conscience des implications éthiques. L'identification et la compréhension de la manipulation sous ses différentes formes et dans ses différents contextes sont essentielles pour se protéger de ses effets potentiellement néfastes et pour promouvoir des interactions sociales plus saines et plus transparentes.

# L'IMPORTANCE DE LA PSYCHOLOGIE DANS LE CONTEXTE DE LA MANIPULATION

L'importance de la psychologie dans le contexte de la manipulation est cruciale, car elle permet d'étudier les mécanismes et les effets des comportements manipulateurs sur la pensée, les sentiments et les actions humaines. La psychologie, en tant que science du comportement humain et des processus mentaux, offre une compréhension approfondie de la manière et des raisons pour lesquelles les gens peuvent être manipulés et des effets à long terme que cela peut avoir sur les individus et les groupes.

Au cœur de l'approche de la psychologie dans le contexte de la manipulation se trouve la compréhension de la nature humaine. Les êtres humains ont un certain nombre de besoins et de désirs, comme le besoin d'appartenance, de reconnaissance, de sécurité et d'estime de soi. Les manipulateurs exploitent souvent ces besoins en faisant référence à des promesses, à des récompenses ou à des menaces de perte. Comprendre comment ces besoins motivent le comportement humain est essentiel pour identifier et réduire la vulnérabilité à la manipulation.

Un autre aspect central est le rôle des distorsions cognitives et des heuristiques. Les gens ont tendance à traiter les informations d'une manière qui est souvent influencée par des préjugés, des stéréotypes et des schémas de pensée simplifiés. Les manipulateurs peuvent exploiter ces tendances en présentant les informations d'une certaine manière ou en omettant des détails importants afin d'atteindre leurs objectifs. Comprendre ces processus cognitifs permet de devenir plus conscient de la manière dont les messages manipulateurs sont construits et transmis.

Les émotions jouent également un rôle crucial dans le contexte de la manipulation. La manipulation émotionnelle implique l'exploitation des sentiments d'une personne afin de susciter une réaction souhaitée. Cela peut se faire par la culpabilité, la peur, la pitié ou par des émotions plus positives comme la joie ou l'amour. La psychologie permet de comprendre comment les émotions influencent la pensée et l'action et comment elles peuvent être utilisées dans des contextes de manipulation.

Les aspects sociaux de la manipulation constituent un autre domaine important de la recherche psychologique. Les êtres humains sont des êtres sociaux et leurs pensées, leurs sentiments et leurs comportements sont fortement influencés par leurs relations sociales et le contexte culturel. La pression des pairs, l'autorité, les normes sociales et les attentes peuvent toutes jouer un rôle dans les processus de manipulation. La psychologie étudie comment ces facteurs sociaux peuvent accroître la vulnérabilité à la manipulation et comment ils agissent dans différents environnements, comme le lieu de travail, la famille ou les groupes sociaux.

En outre, la psychologie est également essentielle pour comprendre les effets de la manipulation. L'exposition à long terme à des tactiques de manipulation peut entraîner toute une série d'effets psychologiques négatifs, notamment le stress, l'anxiété, la dépression, une baisse de l'estime de soi et même des traumatismes. Il est important de comprendre ces effets afin d'élaborer des stratégies de soutien et d'intervention appropriées.

La psychologie offre également un aperçu important des caractéristiques de la personnalité tant des manipulateurs que de leurs victimes. Certains types de personnalité, comme les narcissiques ou les machiavéliques, sont plus enclins à utiliser des tactiques de manipulation dans les relations interpersonnelles et les interactions sociales. Ces personnes peuvent avoir une compréhension profonde des faiblesses et des besoins des autres et utiliser ces connaissances pour atteindre leurs propres objectifs. D'autre part, certains traits de personnalité, tels qu'une forte propension à faire confiance ou un besoin d'approbation, peuvent rendre une personne plus vulnérable à la manipulation. En comprenant ces dynamiques de la personnalité, la psychologie peut aider à identifier à la fois les causes et la vulnérabilité aux comportements manipulateurs.

Un autre domaine important de la recherche psychologique en rapport avec la manipulation est le développement de mécanismes de défense et de stratégies d'adaptation. La capacité à reconnaître les tactiques de manipulation et à y répondre efficacement est un élément central de la résilience psychologique. La recherche et la pratique psychologiques peuvent fournir aux individus des outils et des stratégies leur permettant de comprendre leurs propres pensées et sentiments, de les examiner de manière critique et de se défendre contre les influences manipulatrices.

En outre, la psychologie joue un rôle important dans le traitement thérapeutique des victimes d'abus manipulatoires. L'exposition à long terme à la manipulation peut entraîner de graves problèmes psychologiques, et les interventions psychologiques peuvent être essentielles pour restaurer l'estime de soi, traiter les traumatismes et établir des limites saines dans les relations.

La psychologie de la manipulation s'étend également à des contextes sociaux et culturels plus larges. Les normes et valeurs sociales, les différences culturelles dans la communication et l'interaction, ainsi que le rôle des médias et de la technologie dans la diffusion de messages manipulateurs sont également des aspects importants étudiés par la psychologie. Cette perspective plus large permet de comprendre les multiples façons dont la manipulation peut s'ancrer dans différentes cultures et structures sociales.

Globalement, la psychologie joue un rôle crucial dans la compréhension de la manipulation. Elle offre non seulement un aperçu des mécanismes individuels et sociaux qui permettent et renforcent les comportements manipulateurs, mais aussi des effets et des stratégies d'adaptation pour ceux qui en sont victimes. L'étude de la psychologie de la manipulation permet aux personnes de développer une compréhension plus approfondie de la dynamique du comportement humain et d'apprendre à se protéger et à s'affirmer plus efficacement dans un monde de plus en plus complexe et interconnecté.

# CHAPITRE I : LES BASES DE LA MANIPULATION

Dans cette première partie du livre "Les bases de la manipulation", nous plongeons profondément dans la compréhension de ce qu'est la manipulation, comment elle fonctionne et pourquoi elle est une partie si omniprésente des interactions humaines. L'objectif de cette section est de poser des bases solides sur lesquelles construire la compréhension ultérieure des aspects plus complexes de la manipulation.

Nous commençons par une question fondamentale : qu'entendons-nous exactement par manipulation ? La définition de la manipulation est complexe et englobe un large éventail de tactiques et de méthodes. Il est important de ne pas considérer la manipulation uniquement comme négative, mais aussi comme une composante de la communication et de l'interaction humaines, qui peut prendre des formes constructives ou destructrices.

Nous nous pencherons ensuite sur les principes psychologiques qui sous-tendent les techniques de manipulation. En comprenant comment la manipulation cible nos émotions, nos pensées et nos comportements, nous pouvons identifier les voies subtiles par lesquelles elle influence notre vie quotidienne. Nous examinerons des thèmes tels que la persuasion, l'influence et le pouvoir, et la manière dont ils se manifestent dans différents contextes.

Un autre point fort de cette partie est la distinction entre la manipulation et des concepts similaires tels que la persuasion ou l'influence. Cette distinction est importante pour comprendre les nuances et les limites de la manipulation. Nous examinerons les critères qui permettent de qualifier une action de manipulatrice et les questions morales et éthiques qui y sont liées.

Le rôle du langage et de la communication dans la manipulation est également examiné en détail. Comment les mots et les signaux non verbaux sont-ils utilisés pour influencer les autres ? Nous analyserons des exemples tirés de la vie quotidienne, de la publicité et de la politique afin de montrer comment le langage est utilisé comme outil de manipulation.

Enfin, nous nous pencherons sur les facteurs qui rendent certaines personnes plus vulnérables à la manipulation que d'autres. Cela implique d'examiner les traits de personnalité, les influences sociales et culturelles et les facteurs situationnels. Comprendre ces aspects est essentiel pour développer des stratégies de détection et de protection contre la manipulation.

Dans l'ensemble, cette partie du livre vise à fournir une compréhension globale des bases de la manipulation et à servir de base pour les thèmes plus avancés des chapitres suivants. La compréhension de ces bases nous permet de mieux naviguer et de mieux réagir face aux multiples formes de manipulation que nous rencontrons dans notre vie quotidienne.

# APERÇU HISTORIQUE DE LA SITUATION : DE L'ANTIQUITÉ À L'ÉPOQUE MODERNE

L'aperçu historique de la manipulation, qui s'étend de l'Antiquité à l'époque moderne, montre que la manipulation est une composante profondément enracinée et transtemporelle des interactions humaines. Depuis l'aube de la civilisation, les hommes ont eu recours à diverses formes de manipulation pour gagner du pouvoir, exercer une influence ou atteindre leurs objectifs. Ce voyage historique à travers les époques de la manipulation révèle comment les techniques et la compréhension de la manipulation ont évolué au fil du temps.

Dans l'Antiquité, en particulier dans les cultures grecque et romaine, l'art de la rhétorique était très apprécié et utilisé comme moyen d'influencer l'opinion publique et de prendre le pouvoir. Des orateurs célèbres tels que Cicéron et Aristote ont jeté les bases de l'art de la persuasion, qui comprenait également des éléments de manipulation. Ces premières formes de manipulation étaient principalement basées sur l'aisance linguistique et la capacité à convaincre ou à tromper par les mots.

Au Moyen Âge, l'accent de la manipulation s'est déplacé vers les institutions religieuses et politiques. L'Église utilisait son autorité et ses connaissances pour influencer les masses, tandis que les souverains et les nobles se servaient d'intrigues et de conspirations pour consolider leur pouvoir et éliminer leurs rivaux. Durant cette période, la propagande et la diffusion de la désinformation ont également été utilisées comme moyen de manipulation, souvent pour contrôler l'opinion publique ou créer des images de l'ennemi.

La Renaissance et le siècle des Lumières ont apporté une nouvelle compréhension de la nature humaine et de la psychologie. Ces époques se sont caractérisées par un accent accru sur l'individualisme et la pensée critique, ce qui a conduit à des formes de manipulation plus subtiles et plus sophistiquées.

Le développement de la presse écrite a en outre permis une diffusion plus large des messages et des idéologies manipulatrices.

Avec l'entrée dans l'ère moderne et l'avènement de la révolution industrielle, de nouvelles structures sociales et de nouvelles technologies sont apparues, qui ont encore modifié le paysage de la manipulation. Les médias de masse - des journaux à la radio et à la télévision - ont offert de nouvelles plates-formes pour la diffusion de la propagande et des messages manipulateurs. Les deux guerres mondiales ont été des exemples marquants de l'utilisation des médias de masse pour manipuler l'opinion publique et mobiliser la population autour d'objectifs liés à la guerre.

Dans la seconde moitié du 20e siècle et avec le début de l'ère numérique, la complexité de la manipulation s'est encore accrue. Le développement d'Internet et des médias sociaux a élargi de manière spectaculaire la diffusion des informations et, par conséquent, les possibilités de manipulation. La désinformation, les fausses nouvelles et la propagande numérique sont devenues des outils courants pour atteindre des objectifs politiques, économiques ou sociaux. Cette forme moderne de manipulation se caractérise par sa rapidité, sa portée et son origine souvent difficile à identifier.

Si l'on considère l'histoire de la manipulation, il

apparaît clairement qu'elle ne cesse d'évoluer et de s'adapter aux conditions sociales, politiques et technologiques du moment. Alors que les moyens et les méthodes de manipulation ont évolué au fil des siècles, le principe de base - influencer la pensée et les actions d'autrui à des fins personnelles - reste une composante constante des interactions humaines. Cette perspective historique permet de mieux comprendre les différentes formes et techniques de manipulation et leur impact sur la société à travers les âges.

Dans l'ère contemporaine, en particulier au 21e siècle, la prolifération d'Internet et des médias sociaux a encore révolutionné le paysage de la manipulation. Internet offre une plateforme sans précédent pour la diffusion rapide d'informations et d'idées, ce qui rend à la fois plus facile et plus complexe la diffusion et la détection de contenus manipulateurs. L'anonymat et la portée mondiale d'Internet ont créé de nouveaux défis dans l'identification et la lutte contre la manipulation. Les médias sociaux, avec leur capacité à fournir un contenu personnalisé, ont fondamentalement changé la manière dont les gens reçoivent et traitent les informations, ouvrant la porte à des formes de manipulation plus subtiles et plus ciblées.

Ces évolutions suscitent des inquiétudes croissantes quant au rôle des algorithmes et de l'intelligence artificielle dans la manipulation. Les algorithmes utilisés dans les médias sociaux et les moteurs de recherche peuvent contribuer à créer des chambres d'écho et des bulles de filtrage dans lesquelles les utilisateurs voient principalement des contenus qui confirment leurs convictions existantes. Cela peut augmenter la vulnérabilité aux contenus manipulateurs, car les utilisateurs sont moins susceptibles d'être confrontés à des informations ou des perspectives contradictoires.

L'ère moderne se caractérise également par une interdépendance croissante entre politique et manipulation. Les campagnes politiques utilisent des techniques de marketing avancées et des stratégies psychologiques pour influencer les électeurs. L'utilisation de l'analyse des données et du marketing ciblé dans les campagnes politiques a suscité des inquiétudes quant à la vie privée et aux limites éthiques de la manipulation politique.

Dans le domaine économique, le développement de l'industrie de la publicité et du marketing a également donné naissance à de nouvelles formes de manipulation. Les entreprises utilisent des techniques sophistiquées pour influencer le comportement des consommateurs, souvent en exploitant des principes psychologiques. Cela va de la création de besoins artificiels à l'influence subtile sur les décisions des consommateurs par le biais du branding et des stratégies publicitaires.

Les effets de ces formes modernes de manipulation sont vastes. Elles n'influencent pas seulement les décisions et les convictions individuelles, mais façonnent également les normes et les valeurs sociales. La capacité d'influencer de grands groupes de personnes par des techniques de manipulation soulève des questions importantes en termes d'autonomie, de liberté d'expression et de processus démocratiques.

L'examen de l'histoire de la manipulation depuis l'Antiquité jusqu'à l'ère numérique moderne montre que, bien que les techniques et les méthodes aient évolué au fil du temps, le principe fondamental d'influencer et de contrôler les autres à des fins personnelles est resté constant. L'évolution continue de la manipulation et son adaptation aux nouvelles technologies et aux changements sociaux montrent clairement qu'il s'agit d'un phénomène dynamique et en constante évolution, qui continuera à jouer un rôle important dans les relations humaines et les structures sociales.

# LES THÉORIES PSYCHOLOGIQUES DERRIÈRE LA MANIPULATION

Les théories psychologiques qui sous-tendent la manipulation permettent de comprendre en profondeur comment et pourquoi les gens manipulent et sont manipulés. Ces théories couvrent un vaste champ d'explications allant des distorsions cognitives aux dynamiques socio-psychologiques en passant par l'influence émotionnelle.

L'une des théories centrales de la psychologie de la manipulation est celle des distorsions cognitives. Selon cette théorie, les personnes ne sont pas toujours rationnelles et objectives dans leur traitement de l'information, mais sont souvent influencées par des croyances, des attentes et des expériences préexistantes. Les manipulateurs peuvent exploiter ces distorsions en présentant les informations d'une manière qui correspond aux attentes et aux croyances de la cible, ou en créant des ambiguïtés et des imprécisions qui conduisent à des conclusions erronées.

Un autre aspect important est la théorie de l'influence sociale, qui examine comment les personnes sont influencées par les opinions, les comportements et les attitudes des autres. Cette théorie couvre un certain nombre de phénomènes, dont la conformité, l'obéissance et la pression sociale. Les manipulateurs peuvent exploiter ces dynamiques sociales en créant une pression de groupe, en exploitant l'autorité ou en faisant appel aux désirs d'appartenance et d'acceptation sociales.

Le rôle des émotions dans la manipulation est mis en lumière par la théorie de l'intelligence émotionnelle et de l'influence émotionnelle. Cette perspective théorique montre comment les émotions influencent la pensée et la prise de décision et comment l'exploitation ou la création de certaines émotions peut être un moyen efficace de manipulation. Un acteur manipulateur peut par exemple susciter la pitié, la peur ou l'enthousiasme afin d'influencer les décisions ou les attitudes.

La théorie des traits de personnalité est également pertinente dans le contexte de la manipulation. Certains traits de personnalité, tels que le narcissisme, le machiavélisme ou la psychopathie, ont été associés à une plus grande propension à la manipulation. Ces théories permettent de comprendre pourquoi certains individus sont plus enclins à adopter un comportement manipulateur et comment leurs interactions avec les autres peuvent être conçues.

Il est également intéressant d'intégrer la théorie de la dynamique du pouvoir. Cette théorie examine comment les relations de pouvoir influencent le comportement des individus et des groupes. Dans une relation de manipulation, il peut y avoir un déséquilibre de pouvoir, le manipulateur profitant de sa position de force pour exercer une influence sur la victime. Cela peut se produire dans différents contextes, allant des relations personnelles aux structures politiques ou organisationnelles.

La théorie des relations interpersonnelles est un autre élément important dans la compréhension de la manipulation. Cette théorie considère la manière dont les personnes interagissent dans leurs relations et comment les modèles de proximité, de dépendance et de confiance peuvent influencer la vulnérabilité à la manipulation. Dans les relations proches en particulier, le lien émotionnel peut être un outil pour les tactiques de manipulation.

Enfin, la théorie de la prise de décision joue un rôle dans la psychologie de la manipulation.

Cette théorie explore la manière dont les gens prennent des décisions et comment différents facteurs, notamment l'information, les émotions et l'influence sociale, interviennent dans ce processus. Les manipulateurs peuvent tenter d'influencer le processus décisionnel en contrôlant les informations disponibles ou en déformant la perception des alternatives et des conséquences.

Dans l'ensemble, les théories psychologiques qui sous-tendent la manipulation offrent une compréhension complexe et approfondie des mécanismes et des effets des comportements manipulateurs. Elles mettent en lumière la manière dont les manipulateurs pensent et agissent, comment leurs objectifs sont influencés et comment la manipulation se manifeste au niveau individuel, social et sociétal. Ces théories sont importantes non seulement pour la compréhension académique de la manipulation, mais aussi pour l'élaboration de stratégies permettant d'identifier, de comprendre et de contrer la manipulation.

En outre, la théorie du traitement de l'information fournit de précieuses informations sur la manipulation. Cette théorie se concentre sur la manière dont les gens reçoivent, traitent et réagissent aux informations. Les manipulateurs peuvent exploiter certains aspects du traitement de l'information, comme l'attention sélective, les erreurs de confirmation ou la négligence d'informations contradictoires, pour influencer leurs objectifs. En présentant et en cadrant les informations de manière ciblée, les manipulateurs peuvent orienter la perception et les décisions des individus.

Une autre approche théorique importante dans la psychologie de la manipulation est la théorie de l'attachement. Cette théorie examine comment les relations avec les parents ou les personnes qui s'occupent des enfants pendant la petite enfance influencent le développement des modèles relationnels à l'âge adulte. Les personnes qui ont vécu des attachements insécurisés ou problématiques peuvent être plus vulnérables aux relations manipulatrices plus tard dans la vie. Ces conclusions sont particulièrement pertinentes dans le contexte de la manipulation émotionnelle dans les relations personnelles.

La théorie de l'apprentissage offre également des perspectives importantes sur la manipulation. Cette théorie implique comment les comportements sont appris par l'observation, l'imitation et le renforcement. Les techniques de manipulation peuvent être apprises et renforcées par un renforcement positif, comme le succès ou la reconnaissance. De même, les gens peuvent apprendre à reconnaître et à éviter les comportements manipulateurs en identifiant les conséquences négatives ou les schémas dysfonctionnels dans leurs relations.

La théorie de la dissonance cognitive est également pertinente pour comprendre la manipulation. Cette théorie s'intéresse au malaise qui survient lorsqu'une personne a simultanément deux croyances ou pensées contradictoires. Les manipulateurs peuvent exploiter ou créer cette dissonance afin de provoquer un changement de comportement ou de justifier leur comportement manipulateur.

Enfin, la psychologie évolutionniste joue un rôle dans la compréhension de la manipulation. Cette théorie considère comment certains comportements et tendances psychologiques se sont développés au cours de l'évolution humaine. Les tactiques de manipulation peuvent être comprises comme des moyens d'atteindre des objectifs évolutifs tels que le statut social, le contrôle des ressources ou le succès reproductif. Cette approche offre une perspective plus large sur les raisons pour lesquelles la manipulation est si répandue dans les sociétés humaines.

Dans l'ensemble, ces théories psychologiques offrent une compréhension globale des multiples aspects de la manipulation. Elles montrent comment la manipulation est rendue possible et maintenue par une combinaison de processus psychologiques individuels, de dynamiques sociales et de facteurs évolutifs. Ces connaissances théoriques sont essentielles non seulement pour la compréhension académique de la manipulation, mais aussi pour des applications pratiques en psychologie, en éducation et en conseil, afin d'aider les gens à se prémunir contre les influences manipulatrices et à développer des modèles relationnels plus sains.

# LE RÔLE DU LANGAGE CORPOREL ET DE LA COMMUNICATION NON VERBALE

Le rôle du langage corporel et de la communication non verbale dans le contexte de la manipulation est très important, car il offre des moyens subtils, mais efficaces, d'exercer une influence sur les autres. La communication non verbale englobe une multitude de signaux et d'expressions qui ne sont pas exprimés par des mots, tels que la posture, les gestes, les mimiques, le contact visuel, le ton de la voix et l'utilisation de l'espace. Ces éléments de communication peuvent être utilisés consciemment ou inconsciemment pour renforcer, modifier ou contraster les messages.

Le langage corporel est un outil puissant dans la manipulation, car il est souvent perçu inconsciemment et peut donc passer sous le radar de l'analyse critique. Une posture ouverte, un contact visuel direct ou un ton de voix rassurant peuvent suggérer la confiance et l'ouverture, même si les messages verbaux sont manipulateurs. D'un autre côté, une posture fermée, un contact visuel évasif ou un ton de voix agressif peuvent être utilisés pour intimider ou faire pression sans être directement verbalisés.

Les manipulateurs utilisent souvent de manière ciblée certains aspects du langage corporel et de la communication non verbale afin d'accroître leur crédibilité, de simuler l'empathie ou de susciter certaines émotions chez leur interlocuteur. Par exemple, le fait de refléter le langage corporel de son interlocuteur peut créer un sentiment de complicité et de compréhension, ce qui augmente la volonté de croire le manipulateur ou de le suivre.

Les expressions faciales jouent également un rôle crucial dans la manipulation non verbale. Un sourire peut suggérer la gentillesse et l'ouverture, même s'il n'est peut-être pas sincère. Les manipulateurs peuvent utiliser leurs expressions faciales pour simuler des émotions telles que la joie, l'inquiétude ou la déception afin de contrôler les réactions des autres. La capacité à masquer ou à simuler efficacement des émotions est une caractéristique fréquente des manipulateurs habiles.

Le ton et la modulation de la voix sont d'autres éléments importants. Un ton de voix calme et constant peut donner confiance et stabilité, tandis qu'une modulation vocale variable peut être utilisée pour exprimer l'urgence, l'enthousiasme ou l'inquiétude. Les manipulateurs peuvent délibérément varier le ton de leur voix afin de souligner leurs messages verbaux ou de susciter des réactions émotionnelles spécifiques chez leurs interlocuteurs.

L'utilisation de l'espace et de la distance physique dans la communication est un autre aspect de la manipulation non verbale. Occuper l'espace personnel ou réduire délibérément la distance peut signaler la domination et le contrôle, tandis que maintenir la distance peut suggérer le respect ou le désintérêt. Les manipulateurs peuvent utiliser ces techniques pour établir des rapports de force ou pour se placer dans une position avantageuse.

Les signaux non verbaux peuvent également être utilisés pour dissimuler ou renforcer des mensonges ou des tromperies. Bien que certaines personnes pensent que certains signaux non verbaux sont des indicateurs clairs de malhonnêteté, la réalité est souvent plus complexe. Les manipulateurs expérimentés peuvent être en mesure de contrôler leurs signaux non verbaux afin d'accroître leur crédibilité, même si leurs paroles ne sont pas vraies.

En somme, le langage corporel et la communication non verbale jouent un rôle central dans l'art de la manipulation. Il offre un niveau de communication souvent plus subtil et moins évident que les expressions verbales, mais qui peut néanmoins avoir un impact profond sur la perception et la prise de décision. Comprendre ces aspects non verbaux est donc essentiel pour identifier les tactiques de manipulation et s'en protéger.

La complexité de la communication non verbale dans le contexte de la manipulation réside également dans le fait qu'elle est souvent spécifique à la culture. Ce qui est considéré comme un signe de sincérité et de confiance dans une culture peut être perçu comme inapproprié ou trompeur dans une autre. Les manipulateurs conscients de ces différences culturelles peuvent les utiliser à leur avantage en adaptant leurs signaux non verbaux aux attentes et aux normes de leurs interlocuteurs. Cela requiert un haut niveau d'intelligence sociale et de conscience des dynamiques de communication interculturelles.

Un autre aspect important est le rôle de la communication non verbale dans le maintien des structures de pouvoir et de la hiérarchie. Le langage corporel peut être utilisé pour signaler la subordination, l'autorité ou l'égalité dans les relations. Par exemple, un supérieur hiérarchique peut utiliser des signaux non verbaux d'autorité pour influencer ou diriger ses collaborateurs, tandis qu'un homme politique peut utiliser des techniques non verbales pour démontrer sa compétence et sa fiabilité.

La capacité à décoder les signaux non verbaux et à comprendre leur signification dans un contexte donné est une compétence importante pour se protéger contre les tactiques de manipulation. Cela implique d'être conscient des incohérences entre les déclarations verbales et les signaux non verbaux. Par exemple, si quelqu'un exprime verbalement son approbation tout en montrant des signaux non verbaux de désapprobation, cela peut indiquer des motivations cachées ou une tromperie.

En outre, il est important de reconnaître que la communication non verbale est souvent ambiguë et doit être soigneusement interprétée dans son contexte. Tous les signaux non verbaux ne sont pas univoques ou ne signifient pas la même chose dans toutes les situations. La capacité d'interpréter les indices non verbaux dans leur contexte et de les comparer à d'autres informations est essentielle pour éviter les erreurs d'interprétation.

La formation à la communication non verbale peut

également être un outil efficace pour favoriser l'empathie et la compréhension dans les relations interpersonnelles. En apprenant à interpréter avec précision les signaux non verbaux des autres, il est possible de mieux répondre à leurs besoins et à leurs émotions, et donc d'établir des relations plus saines et plus authentiques.

En résumé, le langage corporel et la communication non verbale sont des éléments essentiels de la manipulation. Il offre aux manipulateurs une multitude d'outils leur permettant de renforcer leurs messages, de créer de la crédibilité ou de susciter certaines réactions. Parallèlement, la compréhension de ces aspects non verbaux est essentielle pour identifier les tactiques de manipulation et développer des stratégies efficaces pour s'en défendre. Dans un monde où la communication devient de plus en plus complexe, la prise de conscience du pouvoir du langage corporel et des signaux non verbaux est plus importante que jamais.

# CHAPITRE II : LES TECHNIQUES DE MANIPULATION ET LEUR UTILISATION

Dans la "Partie II : Les techniques de manipulation et leur application", nous approfondissons notre compréhension en nous penchant sur des techniques et des stratégies spécifiques de manipulation. Dans cette partie du livre, nous explorerons les nombreuses méthodes par lesquelles la manipulation est mise en œuvre dans différents domaines de la vie. Notre objectif est de développer une compréhension détaillée de la manière dont la manipulation fonctionne dans la pratique et de son impact sur les individus et les groupes.

Nous commençons par examiner les différentes

techniques de manipulation utilisées dans les relations interpersonnelles. Ces techniques varient de formes subtiles d'influence à des méthodes plus évidentes de persuasion et de contrôle. En étudiant des exemples réels et des études de cas, nous examinerons comment ces tactiques sont utilisées dans les relations familiales, amoureuses et amicales, et nous mettrons en lumière les dynamiques psychologiques qui les sous-tendent.

Nous nous concentrerons ensuite sur l'application des techniques de manipulation dans le monde du travail. Nous explorerons ici comment la manipulation peut être intégrée dans les styles de leadership, les dynamiques d'équipe et les cultures d'entreprise. De l'influence subtile à l'intimidation ouverte et aux jeux de pouvoir, nous examinerons les différentes formes d'utilisation de la manipulation sur le lieu de travail et la manière dont elle peut affecter le bien-être et les performances des employés.

Un autre thème central de cette partie est le rôle de la manipulation dans la politique et les médias. Nous analyserons comment les partis politiques, les gouvernements et les organisations médiatiques utilisent des stratégies de manipulation pour façonner l'opinion publique et les attitudes. Cela inclut une étude des techniques de rhétorique politique, l'utilisation de la propagande et l'utilisation de techniques de spin.

Nous examinerons également le rôle de plus en plus important des technologies numériques dans la manipulation. Nous nous concentrerons ici sur la manière dont les médias sociaux, les algorithmes et les plateformes en ligne peuvent être utilisés pour influencer les comportements et les opinions. L'impact de ces techniques de manipulation numérique sur l'autonomie individuelle et le débat social sera au cœur de cette étude.

Enfin, nous nous pencherons sur les techniques de manipulation dans le domaine de la publicité et du marketing. Nous examinerons la manière dont les publicitaires utilisent les principes psychologiques pour influencer le comportement des consommateurs et mettrons en lumière les limites entre la publicité persuasive et la manipulation contraire à l'éthique.

Cette partie du livre vise à donner aux lecteurs une compréhension profonde et nuancée des différentes techniques et applications de la manipulation. En reconnaissant ces techniques dans le monde réel, nous pouvons être mieux préparés à nous protéger et à prendre des décisions en connaissance de cause.

# MANIPULATION LINGUISTIQUE : RHÉTORIQUE ET FORCE DE PERSUASION

La manipulation linguistique, un aspect étroitement lié à l'art de la rhétorique et à la force de persuasion, joue un rôle central dans l'influence et la gestion des opinions, des attitudes et des comportements des personnes. Cette forme de manipulation utilise le pouvoir des mots pour agir de manière ciblée sur le psychisme de l'interlocuteur, souvent dans le but de le convaincre ou de l'amener à agir d'une certaine manière, sans qu'il soit conscient de l'intention manipulatrice.

La base de la manipulation linguistique réside dans la capacité à influencer les pensées et les émotions de l'auditeur par des mots, des phrases et des modèles de langage soigneusement choisis. Pour ce faire, on utilise souvent des outils rhétoriques tels que les métaphores, les analogies, les répétitions et les appels émotionnels. Ces techniques peuvent être utilisées pour renforcer les arguments, attirer l'attention ou susciter une réaction émotionnelle.

Un aspect essentiel de la manipulation linguistique est le cadrage, c'est-à-dire la manière dont les informations sont présentées. Le cadrage permet de mettre en avant certains aspects d'un message et d'en minimiser d'autres afin d'influencer la perception et l'interprétation de l'information. Cela peut se faire, par exemple, en mettant l'accent sur les avantages et en passant sous silence les inconvénients d'un produit ou d'une idée.

L'utilisation d'un langage suggestif est une autre tactique de manipulation linguistique. Des questions ou des déclarations suggestives peuvent être formulées de manière à orienter les pensées et les décisions de l'interlocuteur dans une certaine direction, sans exercer de pression directe. Cela peut être particulièrement efficace si le manipulateur utilise des indices ou des implications subtiles qui font appel à l'inconscient de l'auditeur.

La capacité de manipulation linguistique requiert également une compréhension approfondie du public cible. Les manipulateurs doivent savoir comment adapter leur message aux valeurs, aux croyances et aux émotions de leur public. Cela peut se faire en utilisant un jargon, des références culturelles ou en adaptant le style de langage à l'identité sociale et culturelle du public.

Le rôle de la paralinguistique, c'est-à-dire d'éléments tels que le ton, le volume et la vitesse d'élocution, ne doit pas être sous-estimé dans la manipulation linguistique. Ces éléments peuvent renforcer l'impact émotionnel d'un message et sont souvent déterminants pour la manière dont un message est reçu et interprété. Un manipulateur convaincant sait comment varier sa voix pour exprimer l'autorité, la confiance, l'enthousiasme ou l'urgence.

Un autre élément important est l'utilisation de techniques de persuasion telles que la règle de réciprocité, la rareté ou la preuve sociale. Ces techniques reposent sur des principes psychologiques profondément enracinés et peuvent être utilisées pour inciter les gens à adopter un comportement souhaité. Par exemple, le principe de réciprocité peut être exploité en offrant d'abord une petite faveur ou un cadeau pour obtenir ensuite une contrepartie plus importante.

Dans l'ensemble, la manipulation linguistique est une forme d'influence complexe et multidimensionnelle qui nécessite une compréhension approfondie du langage, de la psychologie et des dynamiques sociales. Elle peut être utilisée dans une multitude de contextes, de la politique aux relations personnelles en passant par la publicité. Une prise de conscience de ces techniques et de leur mode d'action est essentielle pour se protéger d'une influence indésirable ou contraire à l'éthique et pour agir de manière authentique et éthique dans la communication.

L'utilisation d'euphémismes et de dysphémismes est une autre technique subtile de manipulation linguistique. Les euphémismes sont des expressions plus douces ou moins directes utilisées pour atténuer des réalités dures ou désagréables. Les dysphémismes, en revanche, sont des expressions plus directes, voire grossières, utilisées pour susciter une réaction négative. En utilisant ces éléments de langage de manière ciblée, un manipulateur peut influencer la réaction émotionnelle du public, soit en atténuant, soit en soulignant certains aspects.

La technique du "gaslighting", qui consiste à remettre systématiquement en question la perception de la réalité de son interlocuteur, est une forme particulièrement sournoise de manipulation linguistique. Elle consiste à faire douter la victime de ses propres souvenirs, perceptions ou jugements, ce qui se produit souvent dans les relations personnelles. Pour ce faire, les informations sont déformées, niées ou présentées de manière erronée afin de créer de l'incertitude et de la confusion.

Le storytelling, c'est-à-dire le fait de raconter des histoires, est une technique puissante qui permet de créer des liens émotionnels et de transmettre des messages. Les histoires peuvent être utilisées pour rendre des informations complexes plus accessibles, pour susciter l'empathie ou pour renforcer certaines valeurs et normes. Les manipulateurs peuvent utiliser le storytelling pour rendre leurs messages plus attrayants et convaincants en racontant des histoires qui résonnent avec les valeurs et les émotions du public.

Le langage de la manipulation utilise également le pouvoir de la répétition. La présentation répétée de certains messages ou concepts permet de les ancrer dans l'esprit du groupe cible. La répétition constante d'un message peut faire en sorte qu'il soit perçu comme plus vrai ou plus crédible, même s'il était initialement douteux ou infondé.

De plus, le contrôle du discours joue un rôle important dans la manipulation linguistique. En mettant en avant certains thèmes ou termes ou en en excluant d'autres du discours, les manipulateurs peuvent déterminer le cadre dans lequel les sujets sont discutés. Cela influence la manière dont les sujets sont perçus et quelles informations sont considérées comme pertinentes ou vraies.

Dans le monde riche en informations d'aujourd'hui, il est plus important que jamais d'être capable de reconnaître les manipulations linguistiques et de les analyser de manière critique. Cela nécessite une prise de conscience des différentes techniques et de leurs effets, ainsi que la capacité d'évaluer de manière critique les informations provenant de différentes sources. En comprenant les mécanismes de la manipulation linguistique, les individus peuvent apprendre à se protéger de l'influence indésirable et à prendre des décisions en connaissance de cause.

# MANIPULATION ÉMOTIONNELLE : LES SENTIMENTS COMME OUTILS

La manipulation émotionnelle désigne l'utilisation stratégique des émotions comme outil pour influencer le comportement et les décisions d'autres personnes. Au cœur de cette forme de manipulation se trouve la création, le renforcement ou l'atténuation ciblée des réactions émotionnelles d'une manière qui sert les objectifs du manipulateur. Cela peut se faire par différentes tactiques et dans une grande variété de contextes, des relations personnelles aux campagnes politiques ou à la publicité.

L'un des principaux aspects de la manipulation émotionnelle est l'exploitation de l'empathie et de la compassion. Les manipulateurs peuvent par exemple raconter des histoires tristes ou déchirantes afin de susciter la compassion et d'obtenir un soutien ou des concessions. Cette technique joue un rôle particulièrement important dans les relations personnelles, où les liens émotionnels et le besoin d'être là pour les autres peuvent être exploités.

Un autre moyen courant de manipulation émotionnelle est la création d'un sentiment de culpabilité. En faisant croire aux personnes qu'elles sont responsables de leur bien-être ou de leurs problèmes, le manipulateur peut leur faire accepter certaines actions ou omissions. La culpabilité est un outil puissant, car elle fait appel à des normes sociales et morales profondément enracinées.

La peur est une autre émotion souvent utilisée dans la manipulation émotionnelle. En attisant la peur - qu'il s'agisse de conséquences, de perte ou de rejet social - les manipulateurs peuvent amener les gens à prendre des décisions ou à entreprendre des actions qu'ils n'envisageraient peut-être pas autrement. Les campagnes politiques et la publicité utilisent souvent cette technique en créant des scénarios de menace ou en exagérant les risques.

L'utilisation de l'amour et de l'affection comme outils de manipulation est particulièrement répandue dans les relations interpersonnelles. L'amour et l'affection peuvent être présentés comme une récompense pour un certain comportement ou être utilisés comme moyen de pression pour forcer la conformité. Cette forme de manipulation émotionnelle peut être particulièrement néfaste, car elle exploite les liens émotionnels profonds et la confiance.

Les manipulateurs peuvent également utiliser des émotions positives telles que la joie, l'espoir ou l'enthousiasme pour influencer les gens. En suscitant des émotions positives, ils peuvent rendre leurs objectifs plus attrayants ou offrir une vision optimiste qui incite les autres à suivre leurs convictions ou leurs projets. Cette technique est souvent utilisée dans la publicité pour associer des produits ou des services à des émotions et des associations positives.

La technique du gaslighting, qui consiste à remettre en question la perception de la réalité d'une personne, peut également être considérée comme une forme de manipulation émotionnelle. En remettant systématiquement en question et en semant la confusion, les manipulateurs peuvent saper la stabilité émotionnelle et la confiance en soi de leurs victimes, ce qui entraîne une dépendance et une influençabilité accrues.

Comprendre la manipulation émotionnelle nécessite une conscience profonde de ses propres émotions et de celles des autres. La capacité à reconnaître la manipulation émotionnelle dépend de la compréhension et de la régulation de ses propres réactions émotionnelles et de la sensibilité aux dynamiques émotionnelles dans les relations et les interactions.

Globalement, la manipulation émotionnelle est une forme d'influence subtile mais efficace. Elle exploite les émotions et les besoins humains fondamentaux pour orienter les comportements et les décisions. La prise de conscience de ces techniques et de leurs effets est essentielle pour se protéger et favoriser des relations authentiques et saines.

La manipulation émotionnelle peut également être renforcée par la création de dépendances. En créant un environnement dans lequel la victime se sent dépendante d'eux sur le plan émotionnel ou psychologique, les manipulateurs peuvent exercer un contrôle plus important. Cela peut être réalisé en alternant l'attention et le retrait, les louanges et les critiques, ou en créant une atmosphère d'insécurité dans laquelle la victime est constamment en quête de reconnaissance ou d'approbation.

Un autre aspect important de la manipulation émotionnelle est ce que l'on appelle la "triangulation". Il s'agit d'inclure une tierce personne ou une situation externe dans la dynamique afin d'attiser les conflits, de susciter la jalousie ou de déformer la perception de la victime. En introduisant des comparaisons avec d'autres ou en mettant en évidence de prétendues menaces externes, les manipulateurs peuvent renforcer le sentiment d'insécurité et le besoin de confirmation.

La technique du "splitting" est également une forme de manipulation émotionnelle. Ici, le monde est divisé en catégories en noir et blanc et il est suggéré qu'il n'y a que des personnes et des actions "bonnes" ou "mauvaises". Cela peut conduire la victime à vivre dans la crainte permanente d'être perçue comme "mauvaise" ou "insuffisante", ce qui augmente sa volonté de répondre aux exigences du manipulateur.

La manipulation émotionnelle peut également être de nature subtile, par exemple en minimisant ou en ignorant constamment les besoins et les sentiments de la victime. Cela peut saper l'estime de soi et la perception que la victime a d'elle-même et l'amener à faire passer ses propres besoins et sentiments après ceux du manipulateur.

Outre les interactions individuelles, la manipulation émotionnelle a également lieu dans des contextes sociaux et politiques plus larges. Dans ce cas, les peurs, les espoirs ou les préjugés collectifs sont souvent abordés afin d'influencer ou de mobiliser des groupes. Cela peut aller de la création d'une "image de l'ennemi" à la diffusion d'utopies afin d'obtenir un soutien pour certains agendas politiques, sociaux ou économiques.

Les effets de la manipulation émotionnelle peuvent être profonds et durables, en particulier lorsqu'elle se déroule sur une longue période. Les victimes de manipulation émotionnelle peuvent souffrir de doute de soi, de troubles anxieux, de dépression ou d'une baisse de l'estime de soi. Il est donc important d'être conscient des signes de manipulation émotionnelle et de développer des stratégies pour y faire face et se protéger.

La manipulation émotionnelle requiert un niveau élevé de conscience et de compréhension, tant de ses propres émotions que de la dynamique des relations. En reconnaissant les schémas de manipulation émotionnelle et en apprenant des techniques d'autorégulation émotionnelle, il est possible de mieux se protéger de ces influences et de vivre des relations plus saines et plus équilibrées.

# INFLUENCE SOCIALE : PRESSION DU GROUPE ET CONFORMITÉ

L'influence sociale par la pression du groupe et la conformité est un aspect fondamental du comportement humain et joue un rôle essentiel dans la dynamique de la manipulation. Ce type d'influence repose sur le besoin d'appartenance et de reconnaissance sociale de l'être humain et exploite l'aspiration naturelle à se conformer aux normes et aux attentes d'un groupe.

La pression du groupe se produit lorsque les membres d'un groupe exercent, consciemment ou inconsciemment, une pression sur un individu afin de l'amener à adopter certains comportements, attitudes ou croyances. Cette pression peut prendre différentes formes, allant d'indications subtiles et d'attentes non verbalisées à des demandes directes et des tentatives de persuasion verbales. L'impact de la pression du groupe est particulièrement fort dans les groupes étroitement liés, où l'acceptation et l'appartenance de l'individu dépendent de sa conformité à la norme du groupe.

La conformité désigne l'adaptation du comportement ou des croyances d'un individu aux normes perçues d'un groupe. Cette conformité peut résulter du désir de faire partie du groupe ou d'éviter le rejet et l'isolement. La conformité n'est pas toujours le résultat d'une pression directe ; elle peut également résulter d'un besoin subtil d'être accepté en tant que membre d'un groupe.

La recherche a montré que la pression du groupe et la conformité sont toutes deux de puissants motivateurs du comportement humain. Des expériences classiques en psychologie sociale, comme l'expérience d'Asch sur la conformité, démontrent à quel point l'influence d'un groupe peut être forte sur le jugement et les décisions d'un individu. Dans ces expériences, les participants avaient tendance à rejeter leurs propres perceptions et jugements pour se conformer à l'opinion majoritaire du groupe, même si celle-ci était manifestement erronée.

Les manipulateurs peuvent utiliser délibérément la pression du groupe et la conformité pour influencer et diriger les personnes. En créant un environnement dans lequel certains comportements ou croyances sont considérés comme normaux et acceptables, ils peuvent amener les individus à les adopter, même s'ils sont en contradiction avec leurs propres croyances ou intérêts. Dans les organisations ou les groupes sociaux, cela peut se faire en établissant des normes, en façonnant des normes de groupe ou en récompensant les comportements conformes et en sanctionnant les opinions divergentes.

Un autre aspect important est le rôle des rôles sociaux et des attentes. Les individus adaptent souvent leur comportement aux attentes liées à leur rôle social. Les manipulateurs peuvent exploiter cette tendance en définissant et en renforçant les attentes liées aux rôles qui encouragent un comportement conforme.

Les effets de la pression des pairs et de la conformité ne sont pas toujours négatifs. Dans de nombreux cas, ils peuvent contribuer à la formation de normes sociales et à la promotion de la coopération et de la coexistence harmonieuse. Cependant, lorsqu'elles sont utilisées à des fins de manipulation, elles peuvent conduire à la suppression de l'individualité, à la promotion de la pensée de groupe et à la limitation de la pensée critique.

Comprendre la pression du groupe et la conformité est donc essentiel pour se protéger des influences manipulatrices. En prenant conscience de l'effet de la dynamique de groupe sur son propre comportement et en apprenant à poser des questions critiques et à affirmer ses propres points de vue, il est possible de se défendre contre les pressions inappropriées et le conformisme infondé. Cela demande du courage et de la confiance en soi, mais c'est essentiel pour préserver son intégrité et son autonomie personnelles.

Les effets de la pression des pairs et de la conformité sont également visibles dans le développement de normes culturelles et sociales. Les normes culturelles sont des attentes collectives sur la manière dont les personnes devraient se comporter dans une société ou un groupe donné. Ces normes sont souvent renforcées et maintenues inconsciemment par la pression du groupe et le besoin de conformité. Dans ce contexte, les manipulateurs peuvent utiliser les normes culturelles pour encourager ou réprimer certains comportements, ce qui renforce encore le contrôle et l'influence sociaux.

Un autre élément qui joue un rôle dans la dynamique de la pression du groupe et de la conformité est le phénomène de la "pensée de groupe". La pensée de groupe se produit lorsque le désir d'harmonie et d'unité au sein d'un groupe conduit à la suppression des opinions alternatives et des perspectives critiques. Cela peut conduire à des processus de décision erronés et à des actions irrationnelles, car le groupe se concentre davantage sur le maintien du consensus que sur l'évaluation critique des informations et des alternatives. Les manipulateurs peuvent exploiter cette tendance pour diriger un groupe et réprimer les opinions divergentes.

La théorie de l'identité sociale offre également un aperçu important de la compréhension de la pression des pairs et de la conformité. Cette théorie postule que les individus tirent une partie de leur identité de leur appartenance à des groupes sociaux. L'identification à un groupe peut amener les individus à adopter les normes et les valeurs du groupe afin de confirmer leur appartenance et de renforcer leur identité sociale. Les manipulateurs peuvent utiliser ces processus d'identification pour favoriser la cohésion du groupe et renforcer les comportements conformes.

Le rôle du leadership dans les groupes est également un facteur déterminant en ce qui concerne la pression du groupe et la conformité. Les leaders ont souvent une forte influence sur les normes et les valeurs d'un groupe. En encourageant ou en rejetant certains comportements et croyances, ils peuvent influencer de manière significative la direction de la pression du groupe et de la conformité. Les leaders manipulateurs peuvent utiliser cette influence pour promouvoir leurs propres objectifs et minimiser les critiques ou la résistance.

La prise de conscience des mécanismes et des effets de la pression du groupe et de la conformité est essentielle pour s'affirmer dans des contextes sociaux et prendre ses propres décisions. Les individus peuvent apprendre à prendre conscience des influences de leur environnement social, à les remettre en question de manière critique et à défendre leurs propres points de vue, même face à la pression du groupe. La capacité à gérer de manière constructive la pression du groupe et à respecter les différences individuelles contribue au développement d'une société ouverte et diversifiée, dans laquelle les individus peuvent s'épanouir librement et exprimer leurs opinions.

# MANIPULATION PAR L'INFORMATION : DÉSINFORMATION ET MALFORMATION

La manipulation par l'information, notamment par le recours à la désinformation et à la désinformation, est une méthode répandue et influente pour orienter les opinions, les croyances et les comportements publics. Cette approche repose sur la diffusion ciblée d'informations inexactes, trompeuses ou totalement fausses afin d'atteindre des objectifs spécifiques.

Dans ce contexte, les informations erronées sont des informations fausses ou trompeuses, mais elles ne sont pas nécessairement diffusées avec l'intention de tromper. Elles peuvent être le fruit d'une erreur ou d'un malentendu. La désinformation, en revanche, est la création et la diffusion intentionnelles de fausses informations dans le but de tromper ou d'induire en erreur les gens. Ces deux formes de manipulation de l'information peuvent avoir un impact considérable sur le comportement individuel et collectif.

Un exemple classique d'utilisation de la désinformation est la propagande politique, dans laquelle les gouvernements ou les groupes politiques diffusent délibérément de fausses informations afin d'influencer l'opinion publique, de discréditer leurs adversaires ou d'obtenir un soutien pour leurs politiques. Ce type de manipulation peut déformer le paysage politique, nuire au débat public et saper la confiance dans les institutions démocratiques.

Dans le monde des affaires, la désinformation et la mauvaise information sont souvent utilisées pour influencer le comportement des consommateurs ou pour discréditer les concurrents. Les entreprises peuvent utiliser la publicité mensongère ou les fausses déclarations sur leurs produits ou services pour tromper les consommateurs et augmenter les ventes. Cela peut nuire à la confiance des consommateurs dans les marques et les produits et les amener à prendre de mauvaises décisions.

Avec l'avènement d'Internet et des médias sociaux,

la désinformation et la mauvaise information ont pris une nouvelle dimension. La diffusion rapide d'informations via des plateformes numériques permet d'atteindre de grands groupes cibles en peu de temps. Cela a conduit à la diffusion de "fake news", c'est-à-dire de nouvelles délibérément falsifiées, qui servent souvent à promouvoir des agendas politiques, à approfondir les divisions sociales ou à réaliser des gains financiers.

Un autre phénomène dans ce contexte est la chambre d'écho, un environnement dans lequel une personne n'est exposée qu'à des informations qui reflètent ses croyances et opinions existantes. Cela renforce les opinions existantes et rend la personne plus vulnérable à la désinformation et à la mauvaise information, car les perspectives critiques ou contradictoires sont exclues.

Reconnaître et combattre la désinformation et les fausses informations requiert un esprit critique et des compétences médiatiques. Les individus doivent apprendre à vérifier les sources, à examiner les informations de manière critique et à s'appuyer sur des sources d'information fiables et vérifiées. Cela est particulièrement important à une époque où l'information peut être diffusée rapidement et largement et où la frontière entre le vrai et le faux s'estompe de plus en plus.

En résumé, la manipulation par l'information,

notamment par la désinformation et la désinformation, est un outil puissant utilisé dans différents contextes pour influencer les opinions et les comportements. La capacité à reconnaître ces tactiques de manipulation et à les analyser de manière critique est essentielle pour prendre des décisions éclairées et se protéger des influences indésirables.

L'impact de la désinformation et de la mauvaise information ne se limite pas aux décisions individuelles ; il s'étend également au niveau de la société. Par exemple, des informations erronées sur des questions de santé, comme les vaccins ou les traitements médicaux, peuvent entraîner de graves problèmes de santé publique. Dans de tels cas, la désinformation peut alimenter les peurs, renforcer la méfiance à l'égard des professionnels et des institutions et, en fin de compte, mettre en danger la santé et la sécurité de la population.

Un autre domaine dans lequel la désinformation joue un rôle est celui de l'environnement et du changement climatique. La diffusion de fausses informations sur les questions environnementales peut fausser la perception du public et entraver les mesures de protection de l'environnement. Les campagnes de manipulation peuvent viser à discréditer les connaissances scientifiques, à semer le doute sur l'urgence des problèmes environnementaux ou à détourner le public de la nécessité de pratiques durables.

Dans le domaine de l'éducation, la désinformation et la mauvaise information peuvent également avoir des conséquences importantes. La diffusion de fausses informations peut saper la compréhension et l'appréciation des faits scientifiques et historiques. La qualité de l'éducation s'en trouve affectée et les jeunes peuvent être amenés à prendre des décisions sur la base d'informations erronées ou trompeuses.

Le rôle des médias et des plateformes numériques dans la diffusion de la désinformation est particulièrement important. Alors que ces technologies offrent d'énormes possibilités d'échange d'informations, elles peuvent également être utilisées à mauvais escient pour diffuser rapidement de fausses informations. Les algorithmes des médias sociaux, qui ont tendance à promouvoir des contenus suscitant de fortes réactions émotionnelles, peuvent contribuer à la diffusion de la désinformation en favorisant les contenus polarisants ou sensationnels.

La lutte contre la désinformation et la mauvaise information nécessite des efforts coordonnés à plusieurs niveaux. Les établissements d'enseignement doivent promouvoir l'éducation aux médias et l'esprit critique afin de permettre aux individus d'évaluer efficacement les informations. Les organisations médiatiques et les plateformes numériques doivent assumer la responsabilité de la diffusion de l'information et mettre en place des mécanismes visant à empêcher ou à minimiser la diffusion de fausses informations. Les gouvernements et les organisations internationales peuvent également jouer un rôle en établissant des normes pour la diffusion de l'information et en prenant des mesures contre les campagnes de désinformation.

En résumé, la manipulation par l'information, notamment par le recours à la désinformation et à la désinformation, est un problème complexe qui a des répercussions importantes sur les individus, les sociétés et les discours mondiaux. Il est essentiel de bien comprendre ce problème et d'élaborer des stratégies efficaces pour le combattre afin de préserver l'intégrité de l'espace d'information et de promouvoir un débat public informé et éclairé.

# CHAPITRE III : RECONNAÎTRE ET REPOUSSER LA MANIPULATION

"Partie III : Reconnaître et repousser la manipulation" se concentre sur les stratégies et techniques pratiques nécessaires pour reconnaître les tactiques manipulatrices et s'en protéger efficacement. Cette partie du livre offre des aperçus et des outils précieux qui permettent aux lecteurs de s'affirmer dans un monde rempli d'influences manipulatrices subtiles et évidentes.

Reconnaître la manipulation est souvent un défi, car elle peut se présenter sous de nombreuses formes et se cacher dans différents contextes. C'est pourquoi nous commençons par examiner en détail les signes et les modèles qui indiquent typiquement un comportement manipulateur. Cela implique d'analyser les indices verbaux et non verbaux qui peuvent apparaître dans les interactions manipulatrices et d'examiner comment la manipulation s'exprime dans différentes relations, qu'elles soient personnelles, professionnelles ou publiques.

Une autre priorité de cette partie est le développement de compétences et de stratégies pour se défendre contre la manipulation. Cela va du renforcement de la confiance en soi et des limites personnelles à des techniques spécifiques pouvant être utilisées dans des situations où des tactiques de manipulation sont mises en œuvre. Nous examinerons comment dire non efficacement, fixer des limites et utiliser des techniques de communication assertives pour se protéger de toute influence indésirable.

En outre, l'importance de la pensée critique et de l'autoréflexion est soulignée. Dans un monde où les informations arrivent rapidement et proviennent de nombreuses sources, il est crucial d'évaluer les informations de manière critique et de remettre régulièrement en question ses propres pensées et réactions. Nous proposerons des conseils et des exercices pratiques afin de développer et d'aiguiser ces compétences essentielles.

Le rôle du soutien social et de l'aide professionnelle dans la gestion de la manipulation est également abordé. Parfois, les stratégies individuelles ne suffisent pas, notamment dans les situations où la manipulation est profonde et préjudiciable. Dans de tels cas, le recours au soutien d'amis, de la famille ou de professionnels peut être décisif.

En conclusion, cette partie du livre fournira aux lecteurs les connaissances et les outils nécessaires pour reconnaître la manipulation sous ses différentes formes et pour s'en prémunir. La capacité à se protéger de la manipulation est importante non seulement pour le bien-être personnel, mais aussi pour le maintien de relations saines et authentiques dans tous les domaines de la vie.

# RECONNAÎTRE LES SIGNES ET LES MODÈLES DE MANIPULATION

Reconnaître les signes et les schémas de manipulation est essentiel pour se protéger des influences indésirables et favoriser des relations interpersonnelles authentiques. La manipulation peut prendre de nombreuses formes et est souvent difficile à détecter, car les manipulateurs sont habiles à dissimuler leurs véritables intentions. Il existe néanmoins certains signes et modèles de comportement qui peuvent indiquer des tactiques de manipulation.

Un signe fréquent de manipulation est l'incohérence entre les paroles et les actes. Les manipulateurs promettent souvent des choses qu'ils ne tiennent pas, ou leurs déclarations ne correspondent pas à leur comportement. Cela peut amener les victimes de manipulation à se sentir confuses et incertaines de la crédibilité de la personne.

Une autre tactique courante consiste à créer un sentiment de culpabilité. Les manipulateurs peuvent essayer de rendre les autres responsables de leurs problèmes ou de leurs échecs et de leur faire croire qu'ils sont coupables d'une manière ou d'une autre. Cela peut se faire par des accusations directes ou par des remarques et des allusions plus subtiles.

Le chantage émotionnel est un autre signe évident de manipulation. Dans ce cas, les manipulateurs exploitent les émotions des autres pour les pousser à adopter un certain comportement. Ils peuvent par exemple menacer de se retirer ou de mettre fin à la relation si leurs exigences ne sont pas satisfaites.

Les manipulateurs ont également tendance à contrôler ou à déformer les informations. Ils peuvent retenir des informations importantes, mentir ou déformer la vérité afin d'atteindre leurs objectifs. Ces comportements visent à compromettre les connaissances et la capacité de décision de la victime.

Un autre modèle de manipulation consiste à exploiter les faiblesses ou les insécurités. Les manipulateurs sont souvent très doués pour repérer les points faibles des autres et les exploiter à leur avantage. Ils peuvent utiliser ces faiblesses pour exercer une pression, susciter la peur ou saper l'estime de soi de la victime.

Le gaslighting, une forme particulièrement sournoise de manipulation, se produit lorsque les manipulateurs tentent de déformer la perception de la réalité d'autrui. Ils remettent en question les souvenirs, les perceptions ou le jugement de la victime et l'amènent à douter d'elle-même.

Les manipulateurs utilisent souvent aussi le charme et la flatterie pour gagner les autres à leur cause et dissimuler leurs véritables intentions. Ils peuvent se montrer très attentionnés et prévenants au début, afin d'établir une relation de confiance, uniquement pour utiliser cette confiance à leur avantage par la suite.

Reconnaître ces signes et ces schémas demande une grande vigilance et une grande conscience de soi. Il est important d'écouter son instinct et d'être prudent face aux signes de manipulation. La remise en question des motivations, la vérification des informations et l'obtention du point de vue de tiers sont des stratégies efficaces pour se protéger de la manipulation. En apprenant à reconnaître les comportements manipulateurs et à y réagir de manière appropriée, on peut se protéger soi-même et ses relations des effets négatifs de la manipulation.

Reconnaître la manipulation nécessite également d'être conscient de signes plus subtils, comme la manipulation par la persuasion ou par l'établissement d'une relation de confiance. Les manipulateurs peuvent sembler très sympathiques et soutenants au début, mais ils utilisent cette proximité et la confiance établie pour diriger la personne à leurs propres fins. Un changement soudain d'attitude ou de comportement, dès que le manipulateur obtient ce qu'il veut, peut être un signal d'alarme.

Une autre tactique consiste à utiliser des situations de surmenage ou de stress. Les manipulateurs peuvent délibérément créer de la pression ou du stress afin d'entraver la pensée rationnelle de la victime et de la rendre ainsi plus vulnérable à l'influence. En exerçant une pression temporelle ou en submergeant la victime d'informations, ils créent un environnement dans lequel il est plus difficile de prendre des décisions claires.

Le "love bombing" est également une caractéristique des relations manipulatrices. Au début, le manipulateur couvre la victime d'affection, d'attention et de cadeaux excessifs afin de créer une dépendance émotionnelle. Une fois que la victime est liée, le comportement du manipulateur peut toutefois changer radicalement.

Dans les environnements de travail ou les contextes organisationnels, la manipulation peut prendre la forme de jeux de pouvoir, de harcèlement moral ou de création de dépendances. Les manipulateurs occupant des postes de direction peuvent utiliser leur pouvoir pour intimider, isoler ou contrôler leurs subordonnés. L'identification de tels schémas nécessite une compréhension de la dynamique sur le lieu de travail et une prise de conscience des structures de pouvoir malsaines.

L'autoréflexion est un outil important pour faire face à la manipulation. En réfléchissant régulièrement à ses propres réactions, sentiments et comportements dans les relations et interactions, il est possible de reconnaître plus tôt les signes de manipulation et d'y réagir de manière appropriée. Des questions telles que "Est-ce que je me sens respecté et valorisé dans cette relation ?" ou "Est-ce que mes limites et mes besoins sont pris en compte ?" peuvent aider à identifier les dynamiques manipulatrices.

Enfin, il est important de chercher du soutien, que ce soit par le biais d'amis, de la famille ou de conseils professionnels. Souvent, une perspective extérieure peut aider à voir la situation plus clairement et à se détacher des relations manipulatrices. Connaître les ressources de soutien et avoir le courage d'y recourir est essentiel pour se protéger d'autres influences manipulatrices.

Globalement, la reconnaissance de la manipulation exige une combinaison de vigilance, de pensée critique et de conscience de soi. En comprenant les différentes tactiques et schémas de manipulation et en développant des stratégies pour y faire face, les individus peuvent préserver leur autonomie et établir et maintenir des relations saines et respectueuses.

# AUTOPROTECTION : POSER DES LIMITES ET DIRE NON

L'autoprotection est un aspect essentiel de la gestion de la manipulation, et la fixation de limites et la capacité à dire non sont des compétences clés à cet égard. Développer et mettre en œuvre ces compétences requiert de la confiance en soi et une compréhension claire de ses propres besoins et valeurs. Elles sont essentielles pour se protéger des relations envahissantes, manipulatrices ou autrement malsaines.

La définition de limites commence par la prise de conscience de ses propres besoins et valeurs. Chaque personne a le droit de définir ses propres limites, qui protègent son intégrité, son bien-être et ses valeurs personnelles. Ces limites peuvent concerner différents aspects de la vie, comme les besoins émotionnels, l'espace physique, le temps et l'énergie ou les valeurs éthiques et morales. La conscience et la clarté de ces limites sont la première étape pour pouvoir les communiquer et les défendre efficacement.

La capacité à dire non est étroitement liée à la fixation de limites. Dire non signifie s'opposer à des exigences, des attentes ou des demandes qui dépassent ses propres limites ou qui nuisent à son propre bien-être. Cela peut être difficile, surtout dans des situations où des pressions ou des attentes sont exercées par d'autres personnes. Cela demande du courage et la conviction que ses propres besoins et valeurs valent la peine d'être défendus.

L'établissement efficace de limites nécessite une communication claire et directe. Il est important de communiquer les limites d'une manière qui soit respectueuse, mais ferme. Cela signifie articuler clairement et sans ambiguïté ce qui est acceptable et ce qui ne l'est pas, sans être agressif ou conflictuel. Pour ce faire, il peut être utile d'utiliser des messages à la première personne afin d'exprimer ses propres sentiments et besoins.

Il est également important d'être cohérent dans l'application des limites. Une fois que les limites sont fixées, elles doivent être défendues de manière cohérente. Cela peut comporter des défis, en particulier lorsque d'autres tentent de transgresser ou de remettre en question ces limites. Le maintien des limites exige de la fermeté et parfois la volonté de se retirer de situations ou de relations qui ne les respectent pas.

L'autoprotection requiert également la capacité de chercher du soutien lorsque cela est nécessaire. Cela peut signifier se tourner vers des amis, la famille ou des conseillers professionnels pour obtenir des conseils, un soutien ou une confirmation. Parfois, il peut être utile d'avoir une perspective extérieure pour renforcer son propre point de vue et se sentir conforté dans ses choix.

En résumé, l'établissement de limites et la capacité à dire non sont essentiels pour se protéger de la manipulation. En développant ces compétences, les individus peuvent préserver leur autonomie, protéger leur bien-être et favoriser des relations saines. Elles requièrent une conscience de soi, une communication claire et la volonté de défendre ses propres besoins et valeurs.

La capacité de dire non et de fixer des limites est également étroitement liée au soin et au respect de soi. Il est important de reconnaître que fixer des limites n'est pas un acte d'égoïsme, mais une expression de respect et de soin de soi. En se protégeant soi-même, on veille à ne pas être exploité ou dépassé. Cela est particulièrement pertinent dans les relations où il existe un risque d'être manipulé ou exploité.

Dans ce contexte, il est également important d'être conscient que le fait de dire non et de fixer des limites peut parfois conduire à des conflits ou à des désaccords. Il est normal que tout le monde n'accepte pas ou ne respecte pas les limites fixées. La capacité à gérer de telles réactions sans compromettre ses propres limites est un aspect important de l'autoprotection.

Maintenir des limites requiert également un certain degré d'intelligence émotionnelle et d'empathie. S'il est important de protéger ses propres besoins, il est également utile de comprendre la perspective des autres et de communiquer avec eux d'une manière qui soit empathique et respectueuse. Cela permet d'éviter les malentendus et de maintenir les relations sur une base saine.

Un autre aspect important de l'établissement de limites est la reconnaissance et l'évitement du sentiment de culpabilité. Souvent, les gens se sentent coupables de dire non ou de fixer des limites, surtout lorsqu'ils ont l'habitude de donner la priorité aux besoins des autres. Il est important de se rappeler que poser des limites est une étape légitime et nécessaire pour assurer son propre bien-être.

Dans certains cas, il peut être nécessaire de faire appel à une aide professionnelle, notamment pour se libérer de schémas profondément enracinés d'autodénigrement ou de dépendance dans des relations manipulatrices. Des conseillers professionnels ou des thérapeutes peuvent aider à renforcer la capacité à poser des limites et à dire non, et offrir un soutien pour faire face aux défis que cela implique.

En résumé, poser des limites et être capable de dire non n'est pas seulement un acte d'autoprotection, mais aussi une expression de l'estime de soi et une étape importante dans la promotion de relations saines et respectueuses. En développant ces compétences, les individus peuvent renforcer leur propre autonomie, protéger leur bien-être et créer une base pour des relations positives et de soutien.

# L'ESPRIT CRITIQUE : ANALYSE ET REMISE EN QUESTION

Le développement d'un esprit critique, caractérisé par l'analyse et la remise en question, est essentiel pour se protéger de la manipulation et prendre des décisions éclairées. La pensée critique permet aux individus d'évaluer objectivement les informations et les situations, d'analyser les arguments, de remettre en question les conclusions et de porter des jugements réfléchis.

Au cœur de la pensée critique se trouve la capacité à remettre en question les informations et les arguments. Cela implique de vérifier la crédibilité des sources, de peser les preuves et de distinguer les faits des opinions. Dans un monde où l'information est surabondante et les opinions multiples, il est important de développer la capacité de distinguer les informations pertinentes des informations non pertinentes et d'évaluer la fiabilité et l'exactitude des informations.

L'analyse des arguments est un autre élément important de la pensée critique. Cela requiert la capacité de comprendre la structure et la logique des arguments, de repérer les hypothèses implicites et d'identifier les erreurs ou les distorsions logiques. En analysant systématiquement les arguments, on peut mieux comprendre sur quelles prémisses ils se basent et si leurs conclusions sont justifiées.

Un autre aspect de la pensée critique est l'autoréflexion. La pensée critique ne requiert pas seulement l'analyse d'informations externes, mais aussi la réflexion sur ses propres convictions et hypothèses. Cela implique de remettre en question ses propres perspectives, d'être conscient de ses propres préjugés et d'être ouvert à modifier ses opinions si de nouvelles informations ou de nouveaux arguments le justifient.

La pensée critique favorise également la capacité à résoudre des problèmes. En analysant systématiquement les problèmes et en évaluant les différentes solutions possibles, les personnes dotées d'un esprit critique peuvent prendre des décisions efficaces et éclairées. Cela est particulièrement important dans les situations impliquant des informations complexes ou ambiguës, où les réponses simples ou les jugements rapides ne suffisent pas.

La promotion de l'esprit critique nécessite de l'éducation et de la pratique. Les établissements d'enseignement ont un rôle important à jouer dans l'acquisition d'aptitudes à la pensée critique, mais l'apprentissage tout au long de la vie et l'auto-formation continue sont également essentiels. L'examen d'une multitude de perspectives, la participation à des discussions critiques et la réflexion régulière sur ses propres processus de pensée sont des éléments importants dans le développement des capacités de pensée critique.

En résumé, un esprit critique basé sur l'analyse et la remise en question est un outil indispensable pour s'orienter dans un monde complexe et en rapide évolution. En apprenant à analyser soigneusement les informations, à remettre en question les arguments et à réfléchir à ses propres hypothèses, on peut se protéger de la manipulation et prendre des décisions éclairées et réfléchies.

Le développement de l'esprit critique implique également la capacité à voir plus loin que le bout de son nez et à prendre en compte le contexte dans lequel l'information est présentée. Cela implique de comprendre les contextes sociaux, culturels, politiques ou économiques qui peuvent influencer la présentation et l'interprétation des informations. En tenant compte du contexte d'une information, on peut mieux évaluer dans quelle mesure cette information est fiable, déformée ou manipulée.

Un penseur critique est également capable de faire la distinction entre les réactions émotionnelles et les considérations rationnelles. Bien que les émotions fassent partie intégrante de l'expérience humaine, elles peuvent ternir l'objectivité, en particulier dans les situations qui exigent des jugements clairs et réfléchis. En apprenant à reconnaître et à réguler les réactions émotionnelles, il est possible d'éviter qu'elles n'altèrent le jugement.

La capacité à prendre en compte plusieurs perspectives et à développer une tolérance pour l'ambiguïté est également un aspect important de la pensée critique. De nombreuses situations n'ont pas de réponses claires ou simples, et la compréhension et la reconnaissance de la complexité et des nuances sont essentielles pour pouvoir porter des jugements éclairés. Cela implique également d'accepter qu'il n'y a parfois pas de "bonnes" ou de "mauvaises" réponses claires et que des perspectives différentes peuvent offrir des perspectives précieuses.

Le développement des capacités de pensée critique implique également d'apprendre à communiquer et à argumenter efficacement. Cela implique non seulement la capacité de présenter sa propre position de manière claire et convaincante, mais aussi la capacité d'écouter activement, de comprendre les arguments des autres et de réagir de manière constructive aux critiques. Une communication ouverte et respectueuse favorise l'échange d'idées et évite les malentendus et les conflits.

Enfin, l'esprit critique exige également d'être prêt à accepter les erreurs et à en tirer des leçons. Personne n'est infaillible, et reconnaître et corriger ses propres erreurs est une partie importante du processus d'apprentissage. Cela demande de l'humilité et une ouverture d'esprit pour changer d'avis si de nouvelles preuves ou de nouveaux arguments le justifient.

Dans l'ensemble, un esprit critique basé sur l'analyse, la remise en question et la réflexion est un outil essentiel pour s'orienter dans un monde rempli d'informations et d'opinions. En développant et en entretenant ces compétences, les individus peuvent se protéger de la manipulation, prendre des décisions éclairées et contribuer à un discours constructif et éclairé.

# FAIRE FACE AUX PERSONNES MANIPULATRICES DANS LA VIE QUOTIDIENNE ET PROFESSIONNELLE

La gestion des personnes manipulatrices dans la vie quotidienne et professionnelle représente un défi particulier, car ces interactions sont souvent subtiles et psychologiquement complexes. Les personnes manipulatrices peuvent apparaître dans différents environnements, des relations personnelles aux lieux de travail, et des stratégies particulières sont nécessaires pour les gérer efficacement.

Une première étape importante dans le traitement des personnes manipulatrices est de reconnaître leurs tactiques. Cela peut inclure la reconnaissance de comportements tels que la flatterie, la culpabilisation, le gaslighting ou le chantage émotionnel. La prise de conscience de ces tactiques est essentielle pour ne pas tomber inconsciemment dans des pièges manipulateurs.

Une fois les tactiques de manipulation identifiées, il est important de fixer des limites. Cela signifie définir clairement ce qui est acceptable et ce qui ne l'est pas, et défendre ces limites de manière cohérente. Dans les situations professionnelles, cela peut par exemple signifier fixer des attentes claires en matière de communication ou de répartition des tâches. Dans le domaine personnel, cela peut signifier fixer des limites émotionnelles et ne pas se laisser entraîner dans des jeux de manipulation.

Une autre stratégie efficace consiste à maintenir une attitude factuelle et objective. Les personnes manipulatrices ont tendance à exploiter les émotions pour atteindre leurs objectifs. En gardant une distance émotionnelle et en se concentrant sur les faits et le raisonnement logique, on peut se protéger de la manipulation émotionnelle.

Dans certains cas, il peut également être utile de limiter la communication avec la personne manipulatrice au strict nécessaire. Cela peut être particulièrement utile dans les environnements professionnels où il n'est pas possible d'éviter complètement la personne. En limitant l'interaction aux sujets professionnels et en évitant les conversations personnelles, il est possible de réduire le risque de manipulation.

Il est également important de chercher du soutien, que ce soit auprès de collègues, d'amis, de la famille ou de conseillers professionnels. L'échange avec d'autres peut non seulement apporter un soutien émotionnel, mais aussi aider à prendre du recul et à développer des stratégies efficaces pour faire face aux personnes manipulatrices.

Dans les situations où les personnes manipulatrices ont un impact important sur leur propre bien-être ou leur situation professionnelle, il peut être nécessaire de prendre des mesures formelles. Il peut s'agir d'en parler à ses supérieurs, de faire appel au service des ressources humaines ou, dans les cas graves, de demander des conseils juridiques.

Enfin, il est important de se renforcer soi-même et de développer ses propres capacités à gérer des situations et des personnes difficiles. Cela implique d'acquérir de la confiance en soi, de renforcer ses propres capacités de communication et d'apprendre des techniques de gestion des conflits.

En résumé, faire face à des personnes manipulatrices dans la vie quotidienne et professionnelle requiert un haut niveau de conscience, de réflexion stratégique et d'intelligence émotionnelle. En reconnaissant les tactiques manipulatrices, en fixant des limites, en maintenant une attitude objective, en recherchant du soutien et en prenant des mesures formelles si nécessaire, il est possible de se protéger efficacement et de favoriser un environnement positif, tant dans la sphère professionnelle que privée.

La préservation de sa propre intégrité et de son authenticité est également un élément essentiel pour faire face aux personnes manipulatrices. Au milieu des dynamiques manipulatrices, il est facile de se perdre dans les désirs et les attentes des autres. Il est donc important de s'assurer régulièrement de ses propres valeurs, objectifs et principes. Cela permet de ne pas se laisser absorber par l'agenda manipulateur des autres et de prendre ses propres décisions en accord avec ses convictions personnelles.

En outre, il est utile d'adopter une attitude proactive plutôt que de réagir de manière réactive aux comportements manipulateurs. Cela signifie évaluer les situations et les interactions de manière anticipée et reconnaître à temps les éventuelles intentions manipulatrices. En agissant de manière proactive, il est souvent possible d'éviter d'être poussé dans une position défensive, dans laquelle il est plus facile d'être manipulé.

Il est également crucial de développer un scepticisme sain face aux offres ou aux promesses trop alléchantes. Les personnes manipulatrices utilisent souvent la persuasion et des offres attrayantes pour atteindre leurs objectifs. En évaluant ces offres de manière critique et en remettant en question leur crédibilité et leur faisabilité, il est possible de se protéger contre les tromperies et les attentes irréalistes.

Dans les situations où la manipulation est subtile et difficile à saisir, il peut être utile de tenir un journal ou d'enregistrer des incidents spécifiques. Cela permet d'identifier des modèles dans le comportement de la personne manipulatrice et de documenter des exemples spécifiques de son comportement manipulateur, ce qui peut être particulièrement utile dans des contextes professionnels.

Un autre aspect important est l'apprentissage et la pratique de techniques de comportement assertif. L'assertivité permet d'exprimer ses pensées et ses sentiments d'une manière claire, directe et respectueuse, sans être agressif ou passif. Le comportement assertif permet de défendre efficacement son point de vue et de se défendre contre les tentatives de manipulation.

Enfin, il est important de se rappeler que l'on n'est pas toujours en mesure de contrôler ou de modifier le comportement des autres. Dans certains cas, la meilleure stratégie peut consister à prendre ses distances avec la personne manipulatrice et à se concentrer sur l'établissement et le maintien de relations saines et respectueuses.

En résumé, faire face à des personnes manipulatrices dans la vie quotidienne et professionnelle requiert un ensemble complet de stratégies et de compétences. Il s'agit notamment de reconnaître la manipulation, de fixer et de maintenir des limites, de préserver son intégrité, d'agir de manière proactive, d'évaluer les offres de manière critique, de pratiquer l'affirmation de soi et, le cas échéant, de prendre des mesures de distanciation. En développant ces compétences, il est possible de se protéger efficacement et de favoriser des interactions positives et saines dans tous les domaines de la vie.

# CHAPITRE IV : CONSIDÉRATIONS ÉTHIQUES ET IMPLICATIONS SOCIALES

La quatrième partie est consacrée aux questions morales et sociales plus profondes qui découlent de la pratique de la manipulation. Dans cette partie du livre, nous explorons comment la manipulation touche aux fondements de la confiance humaine, de l'intégrité et de l'interaction éthique, et quelles en sont les conséquences pour la société dans son ensemble.

Au début de cette partie, nous nous pencherons sur les dilemmes éthiques qu'implique la manipulation. Nous verrons comment les frontières entre la persuasion, l'influence et la manipulation non éthique peuvent souvent être floues et quels principes éthiques devraient être pris en compte pour faire face à ces zones d'ombre. Nous discuterons de l'importance du consentement, de l'autonomie de l'individu et du respect de la dignité de l'individu et de la manière dont ces principes sont souvent mis à l'épreuve dans la pratique de la manipulation.

Sur cette base, nous examinons les effets de la manipulation sur le tissu social. Cela comprend l'étude de l'impact de la manipulation dans la politique, les médias et l'économie et la manière dont elle peut affecter la confiance du public dans ces institutions. Nous analysons en particulier le rôle des médias et des plateformes numériques dans la diffusion de la désinformation et la création de "chambres d'écho" polarisées susceptibles d'affecter le climat du discours démocratique.

Un autre aspect important est l'impact à long terme des pratiques manipulatrices sur le bien-être individuel et les relations interpersonnelles. Des recherches sont menées sur la manière dont une exposition prolongée à des techniques de manipulation peut saper la confiance et la capacité à établir des relations authentiques, et conduire à un climat général de méfiance et d'aliénation.

En outre, nous nous pencherons sur les défis de la réglementation et du contrôle de la manipulation dans différents domaines. La question de savoir comment les sociétés peuvent faire face aux défis éthiques et juridiques de la manipulation, en particulier dans un monde de plus en plus numérisé, sera examinée en détail. Le rôle de la législation ainsi que la responsabilité des différents acteurs et institutions seront discutés.

En conclusion, cette partie vise à approfondir la compréhension des questions éthiques et sociétales complexes soulevées par la pratique de la manipulation. En abordant ces questions de manière globale, nous nous efforçons de faire prendre conscience de la nécessité d'une réflexion éthique dans toutes les formes d'interaction et de contribuer au développement d'une société plus juste et plus transparente.

# ÉTHIQUE DE LA MANIPULATION : LIMITES ET RESPONSABILITÉ

L'éthique de la manipulation est un sujet complexe et multidimensionnel qui soulève des questions fondamentales sur les limites morales et la responsabilité des individus dans les interactions sociales. Au cœur de cette question se trouve la distinction entre les formes acceptables d'influence et les manipulations contraires à l'éthique qui portent atteinte à l'autonomie et au bien-être d'autrui.

Une considération éthique centrale dans le contexte de la manipulation est la question du consentement et de l'autonomie. L'éthique exige que l'autonomie individuelle et la capacité à prendre des décisions en connaissance de cause soient respectées. La manipulation, en particulier lorsqu'elle vise à influencer les autres à leur insu ou contre leur gré, viole ce principe. Cela soulève des préoccupations éthiques, car cela sape la capacité des personnes à agir de manière autodéterminée et à prendre des décisions qui sont dans leur meilleur intérêt.

Un autre aspect important est la question du préjudice. Les principes éthiques exigent que les actions d'autrui ne portent pas préjudice à leur propre avantage. Les manipulations qui entraînent des dommages physiques, émotionnels, psychologiques ou financiers sont donc particulièrement problématiques d'un point de vue éthique. Cela vaut non seulement pour les dommages évidents, mais aussi pour des formes plus subtiles de préjudice, comme l'érosion de l'estime de soi ou l'altération de la capacité de discernement.

La transparence et l'honnêteté dans la communication sont également des considérations éthiques essentielles. La communication manipulatrice, basée sur la tromperie, les demi-vérités ou les informations trompeuses, est en contradiction avec ces principes. L'éthique exige ouverture et honnêteté, de sorte que toutes les parties concernées puissent agir sur une base informée.

Dans certains contextes, comme la publicité, la politique ou le leadership, des questions éthiques supplémentaires se posent concernant la manipulation. Dans ces domaines, un certain degré de persuasion et d'influence est souvent inévitable et acceptable. Toutefois, la question reste de savoir où se situe la limite entre l'influence acceptable et la manipulation non éthique. Dans ce contexte, la responsabilité réside souvent dans l'équilibre, le respect de l'autonomie des autres et la prévention des dommages.

La réflexion éthique sur la manipulation nécessite également la prise en compte de facteurs culturels et contextuels. Ce qui est considéré comme une influence acceptable dans une culture ou une situation peut être considéré comme contraire à l'éthique dans une autre. Cela nécessite une compréhension sensible des différentes normes et valeurs sociales.

Enfin, la responsabilité personnelle joue un rôle crucial dans l'éthique de la manipulation. Les individus doivent être conscients de leurs propres actions et de leur impact sur les autres. Cela implique une autoréflexion critique sur ses propres motivations et méthodes d'influence, ainsi que la volonté d'assumer la responsabilité des conséquences de ces actions.

Dans l'ensemble, l'éthique de la manipulation nécessite de peser soigneusement l'autonomie, le consentement, le préjudice, la transparence et les contextes culturels. Il est essentiel d'aborder ces questions pour comprendre les limites et les responsabilités dans l'influence d'autrui et pour promouvoir des moyens d'interaction éthiquement acceptables.

Le débat sur l'éthique de la manipulation implique également de considérer les effets à long terme des comportements manipulateurs sur la société. La manipulation, basée sur la tromperie et l'exploitation, peut saper la confiance dans les institutions sociales, les relations interpersonnelles et les processus de communication. Lorsque la manipulation est répandue dans la société, elle peut entraîner une méfiance générale qui affaiblit la base des interactions coopératives et constructives.

Un autre problème éthique est l'asymétrie de pouvoir qui accompagne souvent la manipulation. Dans de nombreux cas, les personnes ou les groupes manipulateurs utilisent leur pouvoir, qu'il s'agisse de connaissances, d'autorité, de statut social ou de contrôle émotionnel, pour influencer les autres. Cela soulève des questions d'équité et d'égalité et concerne en particulier les groupes vulnérables ou subordonnés, qui peuvent avoir moins de possibilités de se défendre contre la manipulation.

La réflexion éthique sur la manipulation doit également tenir compte des intentions du manipulateur. Alors que certaines formes d'influence peuvent être exercées dans l'intention de promouvoir des objectifs positifs ou le bien commun, d'autres sont clairement égoïstes et nuisibles. L'évaluation des intentions qui sous-tendent un comportement manipulateur est essentielle pour juger de sa légitimité éthique.

En outre, la question de la responsabilité des individus et des organisations qui fournissent des outils et des plateformes pouvant être utilisés à des fins de manipulation se pose. Par exemple, les entreprises de médias et les réseaux sociaux doivent repenser leur rôle dans la diffusion de la désinformation et des contenus manipulateurs et prendre des mesures pour prévenir ou limiter les pratiques contraires à l'éthique.

La promotion de normes éthiques et la sensibilisation au problème de la manipulation sont également des aspects importants. Cela peut se faire par le biais de l'éducation, de directives éthiques dans les entreprises et les organisations, ainsi que par les discours publics et les médias. La création d'une culture dans laquelle la manipulation est reconnue et rejetée est essentielle pour promouvoir un environnement social sain.

En conclusion, l'éthique de la manipulation exige une réflexion continue sur les limites entre l'influence acceptable et la manipulation non éthique. Cela implique une prise de conscience des effets du comportement manipulateur, une réflexion sur les structures de pouvoir et les intentions, ainsi que la responsabilité de chaque individu et des organisations de maintenir des normes éthiques. Grâce à une compréhension approfondie de ces questions, les individus et les sociétés peuvent trouver des moyens de reconnaître la manipulation, de la contrer et de promouvoir des formes d'interaction saines et respectueuses.

# MANIPULATION DANS LA POLITIQUE ET LES MÉDIAS

La manipulation en politique et dans les médias est un phénomène vaste et complexe qui a un impact profond sur la société et l'opinion publique. En politique, la manipulation peut être utilisée pour influencer les électeurs, discréditer les adversaires politiques et consolider le pouvoir, tandis que les médias peuvent utiliser des techniques de manipulation pour promouvoir certains récits, influencer la perception du public et servir des intérêts commerciaux.

Dans l'arène politique, la manipulation est souvent étroitement liée à l'utilisation de la propagande et de stratégies rhétoriques. Les acteurs politiques et les institutions peuvent utiliser des campagnes ciblées pour promouvoir certaines idéologies ou politiques, influencer l'opinion publique ou saper les mouvements d'opposition. Cela peut se faire par différents moyens, comme des appels émotionnels, la diffusion de fausses informations, la simplification de situations complexes ou l'utilisation de messages symboliques.

Le contrôle des flux d'information est un instrument essentiel de la manipulation politique. En choisissant les sujets présentés dans les médias et la manière dont ces sujets sont présentés, les acteurs politiques peuvent influencer l'agenda public et orienter la perception de certains événements ou politiques. Cette pratique est souvent associée à l'utilisation des médias sociaux et des plateformes numériques afin de cibler des groupes d'électeurs spécifiques et de renforcer les campagnes politiques.

Dans les médias, la manipulation peut prendre la forme d'un reportage sélectif, d'une déformation des faits, ou de la présentation de perspectives unilatérales. Les organisations médiatiques peuvent promouvoir ou supprimer certains récits afin de servir des intérêts politiques, idéologiques ou commerciaux. Cela peut conduire à un débat public polarisé, dans lequel une couverture équilibrée et objective est remplacée par la poursuite d'agendas spécifiques.

Le rôle des fausses nouvelles, c'est-à-dire des

informations délibérément fabriquées ou falsifiées, est particulièrement préoccupant dans le paysage médiatique moderne. De telles nouvelles sont souvent diffusées via les médias sociaux et peuvent rapidement atteindre un large public. Elles peuvent servir à diffuser des informations erronées, à susciter la méfiance du public et à manipuler le paysage politique.

La manipulation dans la politique et les médias soulève également des questions éthiques, notamment en ce qui concerne la responsabilité vis-à-vis du public et le maintien des valeurs démocratiques. La promotion de la transparence, de l'esprit critique et de l'éducation aux médias est essentielle pour lutter contre les effets négatifs de ces formes de manipulation. Cela implique la promotion d'un paysage médiatique diversifié et indépendant, l'éducation du public aux stratégies médiatiques et le renforcement des institutions démocratiques afin de contrer les manipulations.

En résumé, la manipulation en politique et dans les médias joue un rôle central dans la formation de l'opinion publique et des discours politiques. L'examen critique des stratégies et des effets de ces manipulations est indispensable pour promouvoir une opinion publique informée et renforcer les bases d'une démocratie qui fonctionne.

Le défi de la manipulation dans la politique et les

médias est encore plus compliqué par la diffusion et l'influence croissantes des médias sociaux et des plateformes numériques. Ces technologies permettent aux acteurs politiques et aux entreprises de médias de s'adresser à des groupes cibles spécifiques et de diffuser des messages personnalisés. Cela peut conduire à une fragmentation de l'opinion publique, où différents groupes ne reçoivent que des informations qui confirment leurs convictions existantes (chambres d'écho), ce qui rend plus difficile la possibilité d'un dialogue constructif et d'une compréhension commune.

En outre, les algorithmes des médias sociaux permettent de diffuser des contenus sensationnels et polarisants, ce qui peut exacerber les divisions politiques et sociales. La tendance à privilégier les contenus qui suscitent de fortes réactions émotionnelles favorise la diffusion de messages manipulateurs et trompeurs, car ils génèrent souvent plus d'engagement et d'attention.

Dans ce contexte, le rôle de l'éducation à la pensée critique et aux médias devient de plus en plus important. Les citoyens doivent être en mesure d'évaluer l'information de manière critique, de vérifier les sources et de remettre en question la crédibilité des nouvelles. Cela implique également de comprendre comment les algorithmes filtrent et présentent les contenus et comment cela peut influencer la perception de la réalité.

Parallèlement, il est de plus en plus nécessaire de mettre en place des mesures de régulation afin d'endiguer la diffusion de fausses informations et de contenus manipulateurs. Cela peut représenter un défi, car il s'agit de maintenir l'équilibre entre la lutte contre la manipulation et la protection de la liberté d'expression. Les gouvernements, les organisations internationales et les opérateurs de médias sociaux doivent travailler ensemble pour développer des solutions efficaces qui favorisent la transparence et luttent contre la désinformation tout en respectant les droits fondamentaux.

La responsabilité éthique des journalistes et des entreprises de médias joue également un rôle crucial. Ils doivent être conscients de leur rôle de diffuseurs d'informations et respecter des normes éthiques qui garantissent l'objectivité, l'équité et l'exactitude. Cela implique également de traiter les sources de manière responsable et d'éviter le sensationnalisme et les reportages biaisés.

En conclusion, s'attaquer à la manipulation dans la politique et les médias est un défi central pour les démocraties modernes. Relever ce défi nécessite une combinaison d'éducation, de normes éthiques, de mesures réglementaires et de promotion d'un discours public critique. En renforçant ces domaines, les sociétés peuvent devenir plus résistantes aux influences manipulatrices et promouvoir une citoyenneté informée et engagée.

# MANIPULATION DANS LA PUBLICITÉ ET LE MARKETING

La manipulation dans la publicité et le marketing est un phénomène très répandu qui présente un intérêt particulier en raison de sa nature subtile et de son impact profond sur les décisions des consommateurs et les tendances du marché. La publicité et le marketing utilisent différentes techniques pour influencer la perception et le comportement des consommateurs, souvent dans le but d'augmenter les ventes de produits ou de services.

Une technique fréquemment utilisée dans la publicité est la manipulation émotionnelle. Les annonceurs créent des messages visant à susciter des réactions émotionnelles fortes chez le public, comme la joie, la peur, la nostalgie ou le désir. En jouant sur les émotions, les marques peuvent créer un lien plus profond avec leur public et augmenter la probabilité que les consommateurs achètent leurs produits ou services. Par exemple, les campagnes publicitaires qui évoquent le bonheur ou la chaleur familiale peuvent inciter les consommateurs à associer des sentiments positifs à une marque.

Un autre outil courant dans la publicité est l'utilisation de modèles de langage persuasifs et suggestifs. En choisissant des mots ciblés, des messages convaincants et des questions suggestives, les annonceurs tentent d'orienter la perception et les attitudes des consommateurs. Ils peuvent y parvenir en exagérant les avantages, en minimisant les inconvénients ou en promettant d'améliorer le style de vie.

La création de besoins artificiels est un autre aspect de la manipulation dans la publicité. Les annonceurs présentent souvent leurs produits comme des solutions à des problèmes dont les consommateurs n'avaient peut-être même pas conscience. En créant un sentiment de nécessité ou d'urgence, les campagnes publicitaires peuvent inciter les consommateurs à acheter des produits dont ils n'ont pas réellement besoin.

Les médias sociaux et la publicité personnalisée jouent également un rôle de plus en plus important dans le paysage publicitaire moderne. En analysant les données des consommateurs, les annonceurs peuvent adapter leurs messages aux intérêts, aux préférences et aux comportements spécifiques des consommateurs individuels. Ce type de publicité personnalisée peut être plus efficace, mais comporte également un risque de surexploitation des données et d'atteinte à la vie privée.

Les implications éthiques de la manipulation dans la publicité sont significatives. Alors que la publicité et le marketing sont des moyens légitimes d'informer les consommateurs sur les produits et les services, la nature manipulatrice de certaines techniques publicitaires soulève des questions concernant l'autonomie et l'éducation des consommateurs. Il en résulte une tension entre des stratégies de marketing efficaces et la responsabilité de fournir des informations honnêtes et éthiques.

Dans l'ensemble, la manipulation en matière de publicité et de marketing est un domaine complexe qui doit être considéré à la fois d'un point de vue commercial et éthique. Il est essentiel de se pencher sur l'impact et les limites de ces pratiques afin de trouver un équilibre entre un ciblage efficace des consommateurs et le respect de leurs droits et intérêts.

Le rôle de la représentation visuelle dans la publicité et le marketing est un autre élément central de la manipulation. Les éléments visuels tels que les images, les couleurs et les mises en page sont utilisés de manière ciblée pour attirer l'attention, créer des identités de marque et renforcer les messages. Par exemple, des couleurs vives et des images dynamiques peuvent évoquer des sentiments d'énergie et de jeunesse, tandis que des tons doux et des scènes naturelles peuvent suggérer le calme et la détente. Le choix des éléments visuels vise souvent à susciter certaines réactions émotionnelles et à renforcer ainsi l'attrait du produit ou du service.

L'utilisation de stéréotypes et d'images idéales dans la publicité est une autre technique de manipulation. Les campagnes publicitaires présentent souvent des représentations irréalistes ou exagérées de la beauté, du succès et du bonheur, basées sur des stéréotypes et des idéaux sociaux. Ces représentations peuvent influencer la perception que les consommateurs ont d'eux-mêmes et encourager une quête de normes inaccessibles, ce qui, à son tour, pousse à la consommation de certains produits.

La manipulation subtile par le marketing d'influence dans les médias sociaux est un sujet critique dans le paysage publicitaire actuel. Les influenceurs, considérés comme des sources fiables en raison de leur popularité et de leur authenticité, peuvent influencer efficacement leurs followers. Alors que le marketing d'influence est une stratégie de marketing légitime, le manque de transparence fréquent concernant les contenus sponsorisés soulève des questions d'honnêteté et de crédibilité.

L'impact des techniques publicitaires manipulatrices sur les enfants et les adolescents est particulièrement préoccupant. Les jeunes consommateurs sont plus vulnérables aux messages publicitaires persuasifs et ne peuvent souvent pas comprendre pleinement les intentions derrière les contenus publicitaires. Cela exige une attention accrue et des approches responsables de la part des annonceurs afin de protéger ce groupe cible vulnérable.

La nécessité d'une autorégulation éthique dans le secteur de la publicité est évidente. Les annonceurs et les professionnels du marketing doivent être conscients de leur responsabilité de promouvoir des pratiques publicitaires honnêtes et équitables. Cela implique d'éviter d'induire en erreur, d'identifier clairement les contenus sponsorisés et de tenir compte de l'impact potentiel de leurs messages sur différents groupes cibles.

En résumé, la manipulation dans la publicité et le marketing est un phénomène à multiples facettes qui pose des défis à la fois créatifs et éthiques. Il est essentiel de trouver un équilibre entre une publicité efficace et la responsabilité éthique afin de préserver la confiance des consommateurs et de favoriser une relation positive et durable entre les marques et leurs groupes cibles.

# PERSPECTIVES D'AVENIR : MANIPULATION À L'ÈRE DU NUMÉRIQUE

Les perspectives d'avenir de la manipulation à l'ère numérique sont multiples et soulèvent des questions importantes concernant le développement des nouvelles technologies et leur influence sur les comportements individuels et collectifs. Avec les progrès rapides des technologies numériques et l'interconnexion croissante de la société, les méthodes et la portée de la manipulation évoluent également.

Un élément central de l'ère numérique est le rôle des données massives et des algorithmes. Les entreprises et les organisations collectent et analysent d'énormes quantités de données sur les comportements, les préférences et les interactions individuelles. Ces informations peuvent être utilisées pour créer des publicités et des contenus personnalisés, spécialement conçus pour influencer le comportement et les décisions des utilisateurs. Ce type de manipulation ciblée peut être plus efficace et plus subtil que les méthodes traditionnelles, car il se base sur les caractéristiques et la psychologie individuelles.

Un autre thème important est l'utilisation croissante de l'intelligence artificielle (IA) dans la manipulation. Les systèmes d'IA peuvent être utilisés pour identifier des modèles complexes dans le comportement des consommateurs, faire des prédictions et générer des contenus adaptés à des groupes cibles spécifiques. Alors que l'IA offre d'énormes possibilités de services personnalisés et d'amélioration de l'efficacité, elle comporte également le risque d'une manipulation accrue et plus sophistiquée.

La propagation de la désinformation et des fausses nouvelles dans les médias sociaux est un autre phénomène significatif de l'ère numérique. La capacité à diffuser rapidement et largement des informations peut être utilisée par des acteurs pour promouvoir des récits faux ou trompeurs. Cela peut conduire à une polarisation de l'opinion publique et saper la confiance dans les sources d'information établies.

L'ère numérique entraîne également de nouveaux défis dans le domaine de la vie privée et de la sécurité des données. La collecte et l'analyse à grande échelle des données personnelles par les entreprises et les gouvernements soulèvent des questions concernant la protection des données et l'autonomie des individus. La possibilité que des informations personnelles soient utilisées à des fins de manipulation nécessite une réflexion critique sur le cadre éthique et juridique de la protection des données.

Une autre perspective d'avenir est le rôle de l'éducation et de la sensibilisation du public. Étant donné que les technologies numériques deviennent de plus en plus complexes, il est essentiel que les gens disposent des compétences et des connaissances nécessaires pour identifier les tactiques de manipulation et s'en protéger. Cela implique de promouvoir l'éducation aux médias, l'esprit critique et la compréhension du fonctionnement des technologies numériques.

Enfin, la question se pose de savoir comment les sociétés et les gouvernements peuvent répondre aux défis de la manipulation numérique. Cela peut impliquer l'élaboration de lois et de réglementations visant à empêcher l'utilisation abusive des technologies, ainsi que la promotion de normes éthiques dans l'industrie. Elle nécessite également une coopération mondiale, car la manipulation numérique dépasse souvent les frontières.

Dans l'ensemble, les perspectives d'avenir de la manipulation à l'ère numérique sont complexes et nécessitent une réflexion approfondie et des mesures proactives. En combinant les innovations technologiques, les considérations éthiques, l'éducation et les dispositions légales, les sociétés peuvent répondre efficacement aux défis de la manipulation numérique et construire un avenir numérique plus juste et plus transparent.

Le développement et l'intégration progressifs de technologies telles que la réalité virtuelle et la réalité augmentée (VR et AR) représentent une nouvelle dimension dans la manipulation de l'ère numérique. Ces technologies peuvent créer des expériences immersives et convaincantes qui ont le potentiel d'influencer profondément la perception et le comportement des utilisateurs. Si ces technologies offrent des applications positives à des fins éducatives et de divertissement, il existe également un risque qu'elles soient utilisées à des fins de manipulation, par exemple en créant des environnements virtuels qui encouragent certaines croyances ou certains comportements.

L'impact de l'automatisation et de l'utilisation croissante de bots dans les médias sociaux est également important. Les systèmes automatisés peuvent être utilisés pour diffuser de la propagande et de la désinformation en diffusant des contenus en masse et en augmentant artificiellement la popularité de certains points de vue ou messages. Ces pratiques peuvent déformer l'opinion publique et saper la confiance dans les discours numériques.

À l'ère du numérique, la responsabilité éthique des entreprises technologiques est également de plus en plus discutée. Ces entreprises possèdent un pouvoir énorme sur les informations et les services qu'elles fournissent. La question de savoir comment elles utilisent ce pouvoir et quelle est leur responsabilité en matière de prévention de la manipulation est un aspect important de la future réglementation et autorégulation dans le secteur.

Un autre aspect de la manipulation numérique est la personnalisation potentielle et le microciblage. En analysant avec précision les données comportementales, les annonceurs et les acteurs politiques peuvent élaborer des messages et des campagnes adaptés aux croyances, aux craintes et aux souhaits spécifiques des utilisateurs individuels. Cela augmente l'efficacité de la manipulation, mais représente également un défi pour l'autonomie et la capacité des individus à faire des choix indépendants.

Le développement et la promotion de normes et de directives internationales pour une utilisation éthique des technologies numériques constituent une autre étape importante. Étant donné que la manipulation numérique a souvent des effets transfrontaliers, une coopération mondiale est nécessaire pour développer et mettre en œuvre des mesures efficaces. Cela inclut le dialogue entre les gouvernements, l'industrie, les institutions académiques et les organisations de la société civile.

En conclusion, les perspectives d'avenir de la manipulation à l'ère numérique sont marquées par les progrès technologiques, qui présentent à la fois des opportunités et des défis. Une compréhension globale de l'impact de ces technologies, une réflexion éthique continue, l'éducation et le développement de stratégies de protection contre la manipulation sont essentiels pour construire un avenir numérique positif et équitable.

# MOT DE LA FIN

Dans cette conclusion de l'ouvrage sur la compréhension de la manipulation par la psychologie, nous souhaitons rassembler les principales conclusions et donner un aperçu de l'importance de ces connaissances dans notre société actuelle. La manipulation est un phénomène complexe et multidimensionnel, présent dans de nombreux aspects de la vie quotidienne, des relations interpersonnelles au monde du travail, en passant par la politique, les médias et la publicité.

Les conclusions de ce livre montrent qu'une compréhension approfondie des différentes formes et techniques de manipulation est essentielle pour se protéger et entretenir des relations saines et authentiques. Il est apparu clairement que la manipulation n'est pas toujours évidente et qu'elle consiste souvent en des schémas psychologiques subtils qui sont difficiles à identifier. Il est donc essentiel de développer des compétences telles que l'esprit critique, l'analyse des informations et la mise en place de limites personnelles.

En outre, le débat sur les aspects éthiques de la manipulation a mis en évidence l'importance de la transparence, de l'honnêteté et du respect de l'autonomie et de la dignité de chaque individu. Dans un monde où les possibilités d'influence et de manipulation par les technologies numériques et les médias sociaux ne cessent d'augmenter, un cadre éthique pour le comportement et la communication est plus important que jamais.

L'étude de la manipulation dans la publicité et le marketing, ainsi que dans la politique et les médias, a également fourni des informations importantes. Elle montre que les consommateurs et les citoyens doivent être vigilants et informés pour pouvoir identifier les tactiques de manipulation et prendre des décisions en connaissance de cause. L'éducation et la compétence médiatique jouent un rôle crucial à cet égard.

Pour conclure, nous souhaitons souligner que la prise de conscience et la compréhension de la manipulation ne sont pas seulement importantes au niveau individuel, mais jouent également un rôle central au niveau de la société. Une population informée et dotée d'un esprit critique est la clé d'une démocratie saine et d'une société équitable. L'étude des thèmes abordés dans ce livre doit contribuer à une prise de conscience des formes subtiles de manipulation et à l'élaboration de stratégies permettant de les identifier et de les maîtriser.

Dans un monde en constante évolution, où les moyens et les techniques de manipulation sont de plus en plus sophistiqués, la connaissance de ces pratiques et leur utilisation responsable est une tâche constante et nécessaire. Nous espérons que ce livre contribuera à faire prendre conscience de l'importance et de l'impact de la manipulation dans la société moderne et qu'il encouragera les lecteurs à participer activement à la création d'un monde plus transparent, plus juste et plus authentique.

# EXEMPLES SUPPLÉMENTAIRES

## L'utilisation de deepfakes dans la manipulation

Un autre exemple inquiétant de manipulation à l'ère numérique est le développement et l'utilisation de la technologie des deepfakes. Les deepfakes sont de fausses vidéos ou de faux fichiers audio hyperréalistes créés grâce à l'utilisation de l'intelligence artificielle (IA) et de l'apprentissage automatique. Ils permettent de faire dire ou faire faire à des personnes dans des vidéos des choses qui ne se sont jamais réellement produites. Cette technologie représente un nouveau front dans la manipulation numérique, avec de vastes implications pour la politique, les médias et la sécurité personnelle.

Les deepfakes peuvent être utilisés dans l'arène politique pour diffuser de la désinformation ou pour donner une mauvaise image de personnalités publiques. Une vidéo falsifiée d'un homme politique qui fait des déclarations controversées ou préjudiciables pourrait avoir un impact considérable sur sa crédibilité et sa carrière, même si la vidéo est rapidement démasquée comme étant un faux. La simple existence de ces falsifications peut suffire à semer la méfiance et l'incertitude.

Dans les médias, les deepfakes pourraient être utilisés pour créer de faux récits ou mettre en scène des scandales. Cela sape la confiance dans les médias et rend plus difficile pour le public de distinguer le vrai du faux. A une époque où la confiance dans les médias est déjà fragile, les deepfakes pourraient encore aggraver ce problème.

Un autre élément préoccupant des deepfakes est leur utilisation potentielle dans le domaine de la sécurité personnelle et de la vie privée. La possibilité de créer des vidéos réalistes dans lesquelles des personnes semblent dire ou faire des choses qu'elles n'ont jamais faites comporte des risques d'extorsion, d'atteinte à la réputation et de violation de la vie privée.

Les défis liés à la gestion des deepfakes sont nombreux. Des solutions techniques permettant de détecter et de filtrer les deepfakes sont en train d'émerger, mais la technologie évolue constamment, ce qui implique une course aux armements continue entre la création et la détection. De plus, les deepfakes soulèvent des questions éthiques et juridiques qui nécessitent de nouvelles lois et politiques pour éviter les abus.

En résumé, la technologie deepfake offre un exemple frappant des possibilités croissantes de manipulation numérique. Son potentiel et ses risques indiquent clairement que nous nous trouvons dans une ère où la distinction entre réalité et fiction devient de plus en plus difficile. Cela nécessite une vigilance accrue, des innovations technologiques et un cadre juridique clair pour garantir l'intégrité de l'information et la sécurité des individus dans le monde numérique.

## L'influence des algorithmes des médias sociaux

Un autre exemple significatif de manipulation à l'ère numérique est l'influence exercée par les algorithmes dans les médias sociaux. Ces algorithmes, qui déterminent quels contenus sont affichés dans les flux des utilisateurs, ont un impact profond sur la diffusion de l'information et la formation de l'opinion publique.

Les plateformes de médias sociaux comme Facebook, Twitter et Instagram utilisent des algorithmes complexes pour personnaliser le contenu en fonction des interactions et du comportement des utilisateurs. Ces algorithmes privilégient les contenus qui génèrent des taux d'engagement élevés, comme les likes, les commentaires et les partages. Cela conduit souvent à privilégier les contenus sensationnels, polarisants ou controversés, car ils suscitent des réactions émotionnelles plus fortes.

Cette pratique a un impact significatif sur le paysage de l'information. D'une part, elle peut conduire les utilisateurs à être piégés dans ce que l'on appelle des "chambres d'écho" ou des "bulles de filtre", où ils voient principalement des informations et des opinions qui confirment leurs convictions existantes. Cela peut renforcer la polarisation et rendre plus difficile un dialogue constructif entre différents groupes d'opinion.

D'autre part, la manière dont les algorithmes promeuvent les contenus augmente la diffusion de la désinformation et des fausses nouvelles. Comme ces contenus sont souvent conçus pour attirer l'attention et provoquer des réactions émotionnelles, ils peuvent se propager rapidement et largement avant d'être vérifiés dans les faits. Cela sape la confiance dans les sources d'information fiables et empêche les utilisateurs de prendre des décisions en connaissance de cause.

L'exemple des algorithmes des médias sociaux montre également à quel point il peut être difficile de réguler l'impact de ces technologies. Alors que les plateformes commencent à mettre en place des mesures pour lutter contre la désinformation et promouvoir la transparence, la question de savoir comment trouver un équilibre entre la liberté d'expression et la nécessité de contrôler les contenus manipulateurs ou nuisibles reste ouverte.

En résumé, l'influence exercée par les algorithmes des médias sociaux constitue un exemple complexe et stimulant de manipulation à l'ère du numérique. La manière dont ces algorithmes filtrent et présentent les informations a des répercussions importantes sur la perception individuelle et collective et exige une réflexion continue sur les thèmes de la protection des données, de l'éducation aux médias et de la responsabilité éthique des exploitants de plateformes.

**Cambridge Analytica et l'influence sur les élections**

L'histoire de Cambridge Analytica, une société d'analyse de données politiques impliquée dans l'un des plus grands scandales récents liés à la protection des données, offre un exemple révélateur du rôle de la manipulation à l'ère numérique, en particulier dans le contexte des campagnes politiques. Cette étude de cas montre comment les données personnelles peuvent être utilisées pour influencer le comportement des électeurs et soulève des questions importantes concernant la protection des données, les limites éthiques et l'intégrité des processus démocratiques.

Cambridge Analytica a attiré l'attention du monde

entier en 2018 lorsqu'il a été révélé que l'entreprise avait collecté des données sur des millions d'utilisateurs de Facebook à leur insu ou sans leur consentement. Ces données ont été utilisées pour créer des profils psychologiques détaillés, qui ont ensuite été utilisés pour diffuser des publicités politiques ciblées. L'entreprise a affirmé que ses techniques pouvaient influencer le comportement des électeurs et qu'elles avaient été utilisées dans diverses campagnes politiques, notamment lors de l'élection présidentielle américaine de 2016 et du référendum sur le Brexit.

Les méthodes de Cambridge Analytica étaient basées sur le modèle dit "psychographique". Ce modèle utilise les traces numériques des utilisateurs pour créer des profils de personnalité qui sont ensuite utilisés pour le microciblage. Le microciblage est une technique de marketing qui consiste à adapter la publicité et les messages politiques aux intérêts spécifiques et aux traits de personnalité d'un groupe cible étroitement défini.

Les révélations concernant Cambridge Analytica ont déclenché un vaste débat sur le rôle de l'analyse des données et de la publicité personnalisée dans la politique. Les critiques ont fait valoir que de telles pratiques ne portent pas seulement atteinte à la vie privée des utilisateurs, mais qu'elles sapent également les fondements de la prise de décision démocratique. La capacité d'atteindre les électeurs avec des messages sur mesure et potentiellement manipulateurs représente un nouveau défi pour la transparence et l'équité des campagnes politiques.

Cette affaire a également suscité un débat plus intense sur la protection des données et la réglementation des médias sociaux. La nécessité de surveiller la collecte et l'utilisation des données des utilisateurs et d'informer les consommateurs sur l'utilisation de leurs données a été clairement soulignée. En outre, le scandale a souligné l'importance de l'éducation aux médias et de l'esprit critique à l'ère du numérique.

L'affaire Cambridge Analytica sert d'exemple d'avertissement sur la manière dont les technologies numériques et l'analyse des données peuvent être utilisées à des fins de manipulation. Elle met en évidence la nécessité de développer des normes éthiques et des cadres juridiques pour l'utilisation des technologies numériques dans la politique et l'importance d'un public informé et doté d'un esprit critique.

# RÉSUMÉ SUR LA MANIPULATION

1. définition de la manipulation

La manipulation est un phénomène complexe et multidimensionnel qui est perçu et défini différemment selon les contextes. En général, la manipulation fait référence à un processus par lequel une personne ou un groupe de personnes influence le comportement, la perception ou les décisions d'une autre personne ou d'un autre groupe par des moyens cachés, trompeurs ou contraires à l'éthique. Cette influence s'exerce souvent à l'insu ou sans le consentement de la personne concernée.

2. délimitation par rapport à d'autres formes d'influence

Il est important de distinguer la manipulation d'autres formes d'influence telles que la persuasion ou la motivation. Alors que la persuasion repose sur une communication ouverte et des arguments rationnels, la manipulation utilise souvent des tactiques cachées et joue sur des aspects émotionnels ou irrationnels. Contrairement à la motivation, qui vise à inspirer ou à encourager quelqu'un, la manipulation utilise souvent la tromperie ou la pression pour obtenir le résultat souhaité.

3. le rôle de l'intention dans la manipulation

Un élément clé de la manipulation est l'intention du manipulateur. Au cœur de la manipulation se trouve l'objectif de modifier le comportement ou l'opinion d'une autre personne à son avantage, souvent aux dépens de la personne manipulée. Cette intention distingue la manipulation d'influences non intentionnelles ou fortuites.

4. méthodes et techniques de manipulation

La manipulation peut se faire par le biais d'une multitude de méthodes et de techniques. Il s'agit notamment de ruses linguistiques, d'appels émotionnels, de l'exploitation de la confiance ou de l'autorité et de la distorsion des informations. Les tactiques de manipulation peuvent être subtiles, comme l'omission d'informations importantes, ou plus évidentes, comme la simulation d'émotions ou la création de faux dilemmes.

5. aspects psychologiques de la manipulation

La psychologie de la manipulation est complexe. Les manipulateurs savent souvent comment exploiter les faiblesses, les peurs, les désirs ou la confiance de leurs victimes. Ils utilisent des principes psychologiques tels que la cohérence, la réciprocité ou la preuve sociale pour parvenir à leurs fins.

6) Manipulation dans différents contextes

La manipulation a lieu dans de nombreux domaines de la vie, des relations personnelles aux sphères politique et économique. Dans les relations personnelles, elle peut prendre des formes telles que le chantage émotionnel, tandis que dans la politique ou la publicité, elle prend souvent la forme de propagande ou de publicité mensongère.

7. reconnaître et gérer la manipulation

Reconnaître la manipulation nécessite une prise de conscience de ses signes et de ses techniques, ainsi qu'un examen critique des motivations et des informations. Une gestion efficace de la manipulation exige souvent une combinaison de conscience de soi, de limites claires et d'esprit critique.

8. considérations éthiques

Les implications éthiques de la manipulation sont significatives. La manipulation soulève des questions sur l'autonomie, le consentement et la responsabilité morale. Dans de nombreux cas, la manipulation est considérée comme contraire à l'éthique, en particulier lorsqu'elle est utilisée pour exploiter, tromper ou nuire à autrui.

## 9. perspective historique de la manipulation

Historiquement, la manipulation a pris différentes formes selon les cultures et les époques. Des stratégies rhétoriques des orateurs de la Grèce antique aux techniques de propagande sophistiquées des systèmes politiques modernes, l'histoire montre que la manipulation est un aspect profondément enraciné de l'interaction humaine. Cette perspective historique offre un aperçu important du développement et de l'évolution des tactiques de manipulation au fil du temps.

## 10. aspects socioculturels de la manipulation

La manipulation est également influencée par des facteurs socioculturels. Les normes culturelles, les structures sociales et même les technologies jouent un rôle dans la manière dont la manipulation est exercée et perçue. Par exemple, dans certaines cultures, une communication indirecte ou l'utilisation de la hiérarchie sociale peuvent être considérées comme une forme acceptable d'influence, alors que dans d'autres cultures, la communication directe et transparente est privilégiée.

## 11) Vulnérabilité psychologique et manipulation

Certaines personnes peuvent être plus vulnérables à la manipulation que d'autres. Des facteurs tels qu'une faible estime de soi, le manque d'expérience, la naïveté ou la dépendance émotionnelle peuvent rendre quelqu'un plus vulnérable aux tactiques de manipulation. Comprendre ces vulnérabilités est important à la fois pour reconnaître la manipulation et pour développer des stratégies de défense.

## 12. pouvoir et manipulation

Le pouvoir joue un rôle crucial dans la dynamique de la manipulation. Les personnes ou les groupes ayant plus de pouvoir, que ce soit par leur statut, leurs connaissances, leur argent ou leur position sociale, ont souvent plus de possibilités de manipuler les autres. Cet aspect du pouvoir met en évidence l'importance des considérations éthiques dans le contexte de la manipulation, en particulier dans les relations de pouvoir inégales.

## 13. la manipulation dans le monde numérique

À l'ère du numérique, les méthodes et l'ampleur de la manipulation se sont élargies. La prolifération des médias sociaux, de la publicité numérique et des plateformes en ligne a ouvert de nouvelles voies aux pratiques manipulatrices, notamment par le biais de la publicité personnalisée, des campagnes de désinformation et des algorithmes qui influencent le comportement des utilisateurs. La dimension numérique de la manipulation soulève des questions supplémentaires concernant la protection des données, l'autonomie et le rôle de la technologie dans la société.

## 14. conclusions

La manipulation est un phénomène aux multiples facettes, profondément enraciné dans la psychologie humaine et s'étendant à différentes cultures, époques et structures sociales. Sa compréhension nécessite une approche globale qui inclut des aspects psychologiques, sociaux, historiques et éthiques. L'étude de la manipulation n'est pas seulement pertinente d'un point de vue académique, elle est également importante pour la croissance personnelle et le développement d'une société saine et informée. En comprenant la manipulation et en en prenant conscience, nous pouvons communiquer plus efficacement, agir de manière plus éthique et nous protéger des influences indésirables.

# GLOSSAIRE

Assertivité : capacité d'exprimer ses opinions, ses besoins et ses droits de manière directe, honnête et respectueuse, sans être agressif ni violer les droits des autres.

Autonomie : le principe ou la qualité de l'autodétermination ; la capacité de prendre ses propres décisions de manière indépendante et de garder le contrôle de sa propre vie.

Deepfake : vidéos ou fichiers audio créés ou manipulés artificiellement à l'aide de technologies d'IA pour faire dire ou faire à une personne quelque chose qu'elle n'a en fait jamais dit ou fait.

Chambre d'écho : environnement, en particulier dans les médias sociaux, dans lequel une personne n'est exposée qu'à des opinions, des informations et des idées qui reflètent ses propres vues, ce qui a pour effet de renforcer ces vues.

Manipulation émotionnelle : forme de manipulation qui consiste à exploiter des émotions telles que la peur, la culpabilité ou la sympathie pour influencer ou contrôler quelqu'un.

Bulle de filtre : l'isolement d'une multitude de perspectives par des algorithmes de recherche personnalisés et les médias sociaux, qui font qu'une personne ne reçoit que des informations qui correspondent à ses convictions ou intérêts existants.

Gaslighting : tactique de manipulation visant à faire douter quelqu'un de sa propre perception, de sa mémoire ou de sa raison.

Microciblage : stratégie de marketing visant à atteindre des groupes spécifiques de personnes avec des messages ou des contenus personnalisés, souvent basés sur des analyses de données détaillées de leurs préférences et de leurs comportements.

Propagande : diffusion systématique d'informations ou d'idées dans le but de façonner ou d'influencer l'opinion publique, souvent à l'aide d'informations déformées ou trompeuses.

Psychographie : méthode d'étude de marché qui analyse les traits de personnalité, les intérêts et les opinions des personnes afin de développer des prédictions de comportement et des stratégies de marketing.

Algorithmes de médias sociaux : Programmes informatiques qui déterminent le contenu à afficher aux utilisateurs sur les réseaux sociaux, en fonction de leurs interactions et comportements antérieurs.

Les distorsions cognitives : Schémas systématiques d'écarts par rapport à la norme ou à la rationalité dans le jugement, par lesquels les perceptions subjectives de la réalité sont influencées. Ils jouent un rôle important dans la manière dont les gens peuvent être manipulés.

Rhétorique manipulatrice : utilisation du langage dans le but d'influencer ou de diriger subtilement les autres, souvent par des appels émotionnels, des arguments trompeurs ou des techniques de persuasion.

Nudging : technique ou pratique visant à influencer le comportement des personnes de manière prévisible, sans exclure d'options ni apporter de modifications significatives aux incitations économiques.

Profilage de la personnalité : le processus d'analyse détaillée des traits de caractère, des comportements et des préférences d'une personne, souvent utilisé dans le marketing et la gestion de campagnes politiques.

Guerre psychologique : utilisation de la propagande, de la désinformation, et d'autres techniques psychologiques pendant les conflits afin de démoraliser les ennemis, d'influencer l'opinion publique ou de renforcer le moral de ses troupes.

Messages subliminaux : signaux ou messages qui se situent en dessous du seuil de perception et qui peuvent être perçus inconsciemment, souvent utilisés dans la publicité et les médias.

Abus de confiance : situation dans laquelle une personne ou une institution exploite la confiance placée en elle, souvent à des fins contraires à l'éthique ou à des fins de manipulation.

Art de la persuasion : capacité à convaincre les autres par l'argumentation, la discussion et les appels à la raison ou aux émotions, sans recourir à une manipulation contraire à l'éthique.

Psychologie comportementale : domaine de la psychologie consacré à l'étude et à l'analyse du comportement humain, y compris les facteurs qui influencent et modifient le comportement.

# BIBLIOGRAPHIE COMPLÉMENTAIRE

Robert B. Cialdini - "Influence : The Psychology of Persuasion" : un classique qui étudie les principes de la persuasion et les différentes tactiques que les gens utilisent pour influencer les autres.

Daniel Kahneman - "Thinking, Fast and Slow" : ce livre offre un aperçu des deux systèmes qui régissent notre pensée et montre comment ils peuvent influencer nos décisions.

Kevin Dutton - "The Art of Manipulation" : un regard détaillé sur le côté plus sombre de la persuasion et sur la manière dont la manipulation est utilisée dans différents domaines de la vie.

Viktor Frankl - "Man's Search for Meaning" : Bien qu'il ne traite pas directement de la manipulation, ce livre offre un aperçu profond de la psychologie humaine et du besoin de sens.

Sherry Turkle - "Reclaiming Conversation : The Power of Talk in a Digital Age" : Ce livre explore la manière dont les technologies numériques transforment la façon dont nous communiquons et interagissons les uns avec les autres.

Cass R. Sunstein - "Nudge : Improving Decisions About Health, Wealth, and Happiness" : une étude sur la manière dont la conception et la présentation des informations peuvent influencer le comportement.

George A. Akerlof et Robert J. Shiller - "Phishing for Phools : The Economics of Manipulation and Deception" : ce livre offre un aperçu des aspects économiques de la manipulation et de la tromperie.

Joe Navarro - "What Every BODY is Saying : An Ex-FBI Agent's Guide to Speed-Reading People" : un guide pratique sur l'interprétation du langage corporel qui peut aider à déceler des intentions cachées.

Douglas Rushkoff - "Coercion : Why We Listen to What 'They' Say" : une analyse de la manière dont différents médias et stratégies marketing sont utilisés pour influencer les opinions et les comportements.

Sam Vaknin - "Malignant Self-Love : Narcissism Revisited" : Ce livre offre un aperçu du narcissisme, un trouble de la personnalité qui s'accompagne souvent d'un comportement manipulateur.

Clause de non-responsabilité

Ce livre, y compris toutes les informations et recommandations qu'il contient, a été rédigé avec le plus grand soin et en toute bonne foi par l'auteur. L'auteur et l'éditeur n'assument toutefois aucune garantie ou responsabilité quant à l'actualité, l'exhaustivité et l'exactitude des contenus mis à disposition.

Les informations contenues dans ce livre sont uniquement destinées à l'éducation générale et à la sensibilisation. Elles ne doivent pas être considérées comme un substitut aux conseils, diagnostics ou traitements médicaux professionnels. Les lecteurs doivent toujours rechercher l'avis de prestataires de soins de santé qualifiés pour des questions spécifiques relatives à leur santé ou à des conditions médicales et ne pas se baser uniquement sur les informations fournies dans ce livre.

L'auteur n'est en aucun cas responsable des dommages directs, indirects, accidentels, consécutifs ou autres pouvant résulter de l'utilisation des informations contenues dans ce livre. Ceci inclut, sans limitation, la perte de données ou de bénéfices, l'interruption des activités commerciales et les conséquences personnelles sur la santé.

Se fier au matériel contenu dans ce livre se fait aux risques et périls du lecteur. L'utilisation de toute information contenue dans ce livre relève de la responsabilité personnelle du lecteur, et l'auteur recommande la prudence et la recherche d'informations et d'avis supplémentaires.

Mentions légales :

Maison d'édition et éditeur :

TTENTION Inc.
Trolley SQ 20c
Wilmington
DE 19806

www.ingramcontent.com/pod-product-compliance
Lightning Source LLC
Chambersburg PA
CBHW070949260726
48661CB00003B/1194